汉语900句

中华人民共和国国务委员 陈至立 题

In the calligraphy of *Chen Zhili*,
State Councilor, People's Republic of China

总策划：许琳
主　编：李朋义
编　者：黄宏　吕滇雯　丁安琪
　　　　张晓慧　吴丽君
　　　　刘乐宁(美)　倪健(美)
　　　　牟岭(美)　印京华(美)
特邀顾问：顾百里(美)

Planner: Xu Lin
Chief Editor: Li Pengyi
Authors: Huang Hong　Lü Dianwen　Ding Anqi
　　　　Zhang Xiaohui　Wu Lijun
　　　　Lening Liu　Christopher Nugent
　　　　Ling Mu　John Jing-hua Yin
Advisor: Cornelius C. Kubler

汉语900句
EVERYDAY CHINESE

《汉语900句》编写组 编

外语教学与研究出版社
FOREIGN LANGUAGE TEACHING AND RESEARCH PRESS

THOMSON

汤姆森学习出版集团
THOMSON LEARNING

图书在版编目(CIP)数据

汉语 900 句 = Everyday Chinese /《汉语 900 句》编写组编. — 北京:外语教学与研究出版社,2006.8 (2007.1 重印)
 ISBN 978 - 7 - 5600 - 6119 - 1

Ⅰ.汉… Ⅱ.汉… Ⅲ.汉语—口语—对外汉语教学—教材 Ⅳ.H195.4

中国版本图书馆 CIP 数据核字 (2007) 第 001905 号

出 版 人:	于春迟
责任编辑:	蔡剑峰
执行编辑:	时 娜 Andrew Robinson (英)
装帧设计:	蔡 曼 蔡 颖
图片提供:	全景图片 景象图片 心合设计室
出版发行:	外语教学与研究出版社 汤姆森学习出版集团
社　　址:	北京市西三环北路 19 号 (100089)
网　　址:	http://www.fltrp.com
印　　刷:	北京新丰印刷厂
开　　本:	787×1092 1/32
印　　张:	5.5
版　　次:	2006 年 8 月第 1 版 2008 年 3 月第 4 次印刷
书　　号:	ISBN 978 - 7 - 5600 - 6119 - 1

* * *

如有印刷、装订质量问题出版社负责调换
制售盗版必究 举报查实奖励
版权保护办公室举报电话: (010)88817519

前　言

《汉语900句》是一套为海外汉语初学者编写的实用口语教材，旨在使读者在较短的时间内，以轻松、有趣的学习方式，掌握基本的口语会话，迅速提高汉语交际能力。

本书所编900句，是日常生活中最常用的交际用语。其中包括700多个汉字、1500个基本词汇、450个补充词语以及100个最基本的句式。

根据学习者需求，本教材还提供了与图书配套的CD/MP3、DVD-ROM等多种介质的学习资料，学习者可自由选择，搭配使用，更有效地提高自身的"汉语能力"。同时，本教材还备有相应的网络支持提供教学咨询服务。

本教材的编写出版得到了社会各界的关心和支持，陈至立国务委员题写了书名。国家汉办自始至终给予了大力支持和帮助，国内外许多专家、在华工作的外籍人士和留学生都为本书的编写提供了很好的意见。在此，我们一并致以衷心的感谢。最后，期待广大读者在使用过程中，通过www.hanyu900.com网站给我们提出宝贵意见和建议。

编　者

2006年8月

Preface

Everyday Chinese is a multimedia package for the teaching of oral Chinese. It is designed to enable students to master basic conversations and to improve their communicative ability within a short period of time.

Everyday Chinese features 900 sentences that are frequently used in daily life, including a core vocabulary of 1,500 words composed of about 700 Chinese characters, a complementary vocabulary of 450 words, and 100 grammatical structures.

Besides the textbook, *Everyday Chinese* includes multimedia components including audio CD/MP3 and DVD-ROM, a website and tutorial services. The package presents a combined learning environment for students, allowing them the choice of their favorite learning methods. It also provides learners with a virtual contemporary Chinese community depicted through video clips and animations.

We have received a lot of assistance from relevant government departments during the writing and publishing process. State Councilor Chen Zhili has graced the package by writing the book title. The Office of Chinese Language Council International has offered financial support and pedagogical advice. Many specialists from home and abroad, including foreign professionals and students in China, have provided valuable suggestions. We owe the successful completion of *Everyday Chinese* to all of them.

We look forward to hearing comments and suggestions from learners of *Everyday Chinese* via www.hanyu900.com.

The Authors
August 2006

说明

 表示文化小贴士。

 表示补充词汇。

▼ 表示补充词汇在本页。

▶ 表示补充词汇在后面。

 出现在"入门汉语100句"中，表示该句在900句中的序号。

Notes

 indicates cultural tips.

 indicates supplementary vocabulary.

▼ indicates supplementary vocabulary which is presented on the same page.

▶ indicates supplementary vocabulary which is presented on the following pages.

● appears in the "Basic Chinese 100", and indicates the sequence of the marked sentence in the 900 sentences.

目录

1 拼音入门
Introduction to *Pinyin*

9 第一篇 常用汉语900句
Part One **Daily Chinese 900**

10 见面——"你叫什么名字？"
Meeting People—"What's your name?"

- 打招呼 Greeting People.. 11
- 感谢与安慰 Expressing Gratitude................................... 14
- 拜访 Visiting Friends.. 16
- 告辞 Saying Goodbye... 19
- 求助 Asking for Help.. 21
- 约会 Making an Appointment.. 22
- 打电话 Making a Phone Call... 26
- 谈他人 Talking about Other People.............................. 27
- 谈心情 Talking about Moods... 29
- 谈工作 Talking about Work... 32
- 谈爱好 Talking about Hobbies...................................... 34

35 就餐——"你想吃什么？"
Dining—"What would you like to eat?"

- 快餐厅 At a Fast Food Restaurant................................ 36
- 中餐厅 At a Chinese Restaurant................................... 38
- 自助餐 At a Buffet... 41
- 街头小吃 Buying Food in the Street............................. 43
- 家庭聚会 At a Family Gathering................................... 45
- 宴会 At a Banquet... 47

49 购物——"多少钱?"
Shopping—"How much is it?"

- 超市 At the Supermarket 50
- 水果市场 At the Fruit Market 52
- 二手市场 At the Second-hand Market 54
- 电话购物 Shopping by Phone 55
- 服装店 At the Clothes Store 57
- 商场 At the Department Store 61
- 书店 At the Bookstore 64

66 出行——"您去哪儿?"
Traveling—"Where are you going?"

- 步行 Walking 67
- 乘公共汽车 Taking a Bus 69
- 乘出租车 Taking a Taxi 71
- 乘火车 Taking a Train 73
- 乘飞机 Taking a Plane 74
- 自驾车 Getting Around by Car 75
- 旅行社 At the Travel Agency 78
- 邮局 At the Post Office 79

82 住宿——"我订一个标准间。"
Finding Accommodation—"I'd like a standard room."

- 宾馆 At the Hotel 83
- 理发美容 Getting a Haircut or Facial 86
- 找房 Looking for an Apartment 87
- 租房 Renting an Apartment 91
- 搬家 Moving 93

94 理财——"现在的汇率是多少？"
Managing Money—"What's the exchange rate?"

- 存/取钱 Depositing / Withdrawing Money 95
- 兑换 Exchanging Money..97
- 交费 Paying Bills... 99
- 汇款 Transferring Money 101
- 刷信用卡 Using a Credit Card 102
- 挂失 Reporting a Loss.. 103

104 看病——"你哪儿不舒服？"
Seeing a Doctor—"Is anything wrong?"

- 挂号 Registration 105
- 就诊 Consulting the Doctor 106
- 治疗 Getting Treatment 108
- 药店 At the Pharmacy 109
- 急诊 At the Emergency Ward... 110
- 交费取药 Paying for Treatment 111
- 探病 Visiting a Friend in the Hospital.................................. 112
- 中医 Traditional Chinese Medicine...................................... 114

116 学习——"你学什么专业？"
Going to School—"What's your major?"

- 幼儿园 Pre-school 117
- 大学课堂 University 119
- 图书馆 At the Library 121
- 大学生聊天 Chatting with Classmates................................ 122
- 谈论网吧 Talking about Internet Bars 124
- 报名 Enrolling in Courses 125

127 娱乐——"放松放松。"
Having Fun—"Let's relax."

- 在酒吧 In a Bar 128
- 在迪厅 At the Disco 130
- 在电影院 At the Movie Theater 131
- 在卡拉 OK At the Karaoke Bar 133
- 看演出 Attending a Performance 135
- 看京剧 Watching Peking Opera 138
- 在博物馆 At the Museum 140

141 运动——"好球!"
Doing Sports—"Nice shot!"

- 晨练 Doing Morning Exercise 142
- 健康与锻炼 Talking about Exercise 143
- 比赛 Watching Sports 146
- 爬山与跑步 Hiking and Running 149

151 第二篇　入门汉语100句
Part Two　**Basic Chinese 100**

161 补充词索引
Index to Supplementary Vocabulary

拼音入门

汉语的文字是汉字，在中国人的实际生活中，阅读和书写时基本都用汉字。汉语拼音是几十年前确立的一套标音符号，可以用来标注汉字的发音。

拼音的每个音节一般由三部分组成：声母、韵母和声调。如：在 mā（妈）这个音节中，m 是声母，a 是韵母，a 上方的"-"表示声调。

《汉语拼音方案》是拼写规范化普通话的一套拼音字母和拼写方式。其中共有 21 个声母：

辅音	举例	辅音	举例	辅音	举例
b	bà 爸	p	pǎo 跑	m	méi 没
f	fēi 飞	d	děi 得	t	tāng 汤
n	nán 难	l	lèi 累	g	gāo 高
k	kāi 开	h	hēi 黑	j	jī 鸡
q	qù 去	x	xī 西	zh	zhù 住
ch	chá 茶	sh	shū 书	r	rén 人
z	zì 字	c	cū 粗	s	sān 三

有 7 个单元音韵母：

韵母	举例	韵母	举例	韵母	举例
a	tā 他	e	chē 车	i	lǐ 里
o	wǒ 我	u	cū 粗	ü	qù 去
er	ěr 耳				

还有13个复元音韵母以及16个带鼻音韵母:

韵母	举例	韵母	举例	韵母	举例
ai	kāi 开	ao	pǎo 跑	ei	fēi 飞
ia	yā 鸭 jiā 家	ie	yě 也 xiè 谢	iou	yōu 优 qiú 球
iao	yào 要 piào 票	ou	tóu 头	ua	wā 蛙 huā 花
uei	wèi 卫 tuī 推	uo	wǒ 我 duō 多	uai	wāi 歪 kuài 快
üe	yuē 约 xué 学	an	kàn 看	ang	tāng 汤
en	rén 人	eng	lěng 冷	ong	dōng 东
in	yīn 因 xīn 新	ing	yīng 英 xíng 行	ian	yān 烟 tiān 天
iang	yāng 央 xiǎng 想	iong	yǒng 勇 xióng 熊	uan	wān 弯 guān 关
uang	wáng 王 huáng 黄	uen	wēn 温 cún 存	ueng	wēng 嗡
üan	yuǎn 远 xuán 玄	ün	yún 云 qún 裙		

汉语有4种基本声调:

名称	第一声	第二声	第三声	第四声
形式	"-"	"ˊ"	"ˇ"	"ˋ"
举例	mā 妈	xíng 行	yuǎn 远	piào 票

此外,轻声没有声调,读得短而轻。例如:de(的)。

注:

1) 汉语的声调标在主要母音上。i 上有标调时要去掉 i 的点。

2) 由 i、u 或 ü 开头的韵母：
   ① 由 i 或 ü 开头的韵母，前面没有声母的时候，要加上准声母 y 或把 i、ü 变成 y，ü 上两点省略。例如：yīn（因），yī（衣），yūn（晕），yú（鱼）。
   ② 由 u 开头的韵母，前面没有声母的时候，要加上准声母 w 或把 u 变成 w。例如：wàn（万），wū（乌）。
   ③ 由 ü 开头的韵母跟 j、q、x 相拼时，ü 上两点省略。例如：jù（句），qù（去），xù（叙）。
3) 变调：
   ① 两个第三声的汉字相连时，前一个要读成第二声。例如：nǐ hǎo（你好）读成 ní hǎo。
   ② "不"和"一"后面有别的汉字时，声调会改变。在第一、第二和第三声的汉字前，"一"读第四声；在第四声的汉字前，"不"和"一"都读第二声。例如：bùkuài（不快）读成 búkuài，yībiān（一边）读成 yìbiān，yīpáng（一旁）读成 yìpáng，yīdiǎnr（一点儿）读成 yìdiǎnr，yīgòng（一共）读成 yígòng。
4) 儿化：由于普通话以北京语音为标准音，因此存在很多儿化音节。er 在其他韵母后与之结合成一个儿化韵母，儿化韵母的写法是在原韵母后加 r。它可以只是语流中的一点儿语音变化，不表示任何意义，例如：wánr（玩儿）和 wán（玩）意思一样；也可能会形成一个意思不同的词，例如：tóu（头）和 tóur（头儿）不同。
5) 隔音符号：a、o、e 开头的音节连接在其他音节后面的时候，如果音节的界限发生混淆，用隔音符号（'）分开。例如：Tiān'ān Mén（天安门）。

Introduction to *Pinyin*

The script of the Chinese language is Chinese characters. Chinese characters are used both in reading and writing. Chinese *Pinyin* is a set of phonetic symbols adopted several decades ago for indicating the pronunciation of Chinese characters.

A syllable in Chinese usually consists of three parts: an initial, a final and a tone. For instance, in the syllable mā 妈 (as in "mom"), m is the initial, a is the final and "-" over the final is the tone.

Chinese Phonetic System (Chinese *Pinyin* System) includes a set of phonetic letters and relevant spelling rules which are adopted for standard Mandarin Chinese.

In Chinese *Pinyin*, there are altogether 21 initials:

Initial	Similar English Phoneme	Example in Chinese
b	like "b" in "bed"	bà 爸 (dad)
p	like "p" in "peach"	pǎo 跑 (run)
m	like "m" in "meat"	méi 没 (not)
f	like "f" in "foot"	fēi 飞 (fly)
d	like "d" in "day"	děi 得 (should)
t	like "t" in "tea"	tāng 汤 (soup)
n	like "n" in "need"	nán 难 (difficult)
l	like "l" in "leaf"	lèi 累 (tired)
g	like "g" in "get"	gāo 高 (high)
k	like "k" in "kill"	kāi 开 (open)
h	like "h" in "hen"	hēi 黑 (black)
j	close to "j" in "jeep" (without protruding the lips)	jī 鸡 (chicken)

Initial	Similar English Phoneme	Example in Chinese
q	close to "ch" in "cheap" (without protruding the lips)	qù 去 (go)
x	close to "sh" in "shirt"	xī 西 (west)
zh	like "dr" in "drink"	zhù 住 (live)
ch	like "ch" in "match"	chá 茶 (tea)
sh	close to "sh" in "shy"	shū 书 (book)
r	close to "r" in "roll"	rén 人 (person)
z	like "ds" in "words"	zì 字 (character)
c	like "ts" in "rats"	cū 粗 (thick)
s	like "s" in "Sunday"	sān 三 (three)

There are altogether 7 simple vowel finals:

Final	Similar English Phoneme	Example in Chinese
a	like "a" in "father"	tā 他 (he)
e	like "ir" in "dirty"	chē 车 (car)
i	like "i" in "in"	lǐ 里 (inside)
o	like "o" in "or"	wǒ 我 (I)
u	like "u" in "blue"	cū 粗 (thick)
ü	no equivalent in English, like "u" in "lune" (French pronunciation)	qù 去 (go)
er	no equivalent in English	ěr 耳 (ear)

There are 13 compound vowel finals and 16 nasal finals:

Final	Similar English Phoneme	Example in Chinese
ai	like "y" in "by"	kāi 开 (open)
ao	like "ow" in "cow"	pǎo 跑 (run)
ei	like "ei" in "eight"	fēi 飞 (fly)
ia	like "yar" in "yard"	yā 鸭 (duck) jiā 家 (home)
ie	like "ye" in "yes"	yě 也 (also) xiè 谢 (thank)

Final	Similar English Phoneme	Example in Chinese
iou	like "you"	yōu 优 (excellent) qiú 球 (ball)
iao	like "i" in "in" plus "ow" in "cow"	yào 要 (want) piào 票 (ticket)
ou	like "oa" in "coat"	tóu 头 (head)
ua	like "wa" in "waft"	wā 蛙 (frog) huā 花 (flower)
uei	like "way"	wèi 卫 (defend) tuī 推 (push)
uo	like "war"	wǒ 我 (I) duō 多 (many)
uai	like "why"	wāi 歪 (slanting) kuài 快 (fast)
üe	no equivalent in English, like "u" in "lune" (French pronunciation) plus "e" in "pet"	yuē 约 (about) xué 学 (learn)
an	like "an" in "land"	kàn 看 (look)
ang	no equivalent in English, like "an" in "ancien" (French pronunciation)	tāng 汤 (soup)
en	like "en" in "stolen"	rén 人 (person)
eng	like "en" in "stolen" plus "ng" in "long"	lěng 冷 (cold)
ong	like "or" in "worn" plus "ng" in "long"	dōng 东 (east)
in	like "in"	yīn 因 (because) xīn 新 (new)
ing	like "ing" in "spring"	yīng 英 (hero) xíng 行 (OK)
ian	like "yen"	yān 烟 (smoke) tiān 天 (day)
iang	like "young"	yāng 央 (center) xiǎng 想 (think)

Final	Similar English Phoneme	Example in Chinese
iong	like "i" in "bin" plus "ong" in "long"	yǒng 勇 (brave) xióng 熊 (bear)
uan	like "wan" in "swan"	wān 弯 (bend) guān 关 (close)
uang	no equivalent in English, like "u" in "flute" plus "an" in "ancien" (French pronunciation)	wáng 王 (king) huáng 黄 (yellow)
uen	like "u" in "flute" plus "en" in "stolen"	wēn 温 (warm) cún 存 (deposit)
ueng	like "u" in "flute" plus "ng" in "long"	wēng 嗡 (buzz)
üan	no equivalent in English, like "u" in "lune" (French pronunciation) plus "an" in "land"	yuǎn 远 (far) xuán 玄 (profound)
ün	no equivalent in English, like "u" in "lune" (French pronunciation) plus "n" in "stolen"	yún 云 (cloud) qún 裙 (skirt)

Basically, there are four tones in Chinese:

Name	The 1st Tone	The 2nd Tone	The 3rd Tone	The 4th Tone
Form	-	´	ˇ	`
Example	mā 妈 (mom)	xíng 行 (OK)	yuǎn 远 (far)	piào 票 (ticket)

Apart from the four tones, there is a neutral tone which has no tonemark and is pronounced short and weak. For example, de 的 (of).

Notes:
1) A tonemark should be placed over the main vowel. When the vowel i is marked with a tonemark, the dot over it should be omitted.
2) Finals beginning with i, u or ü.
   ① When finals beginning with i or ü have no initials preceding them, the quasi-initial y should be added; or i or ü should be changed into y and the dots of ü should be omitted. For

7

example, yīn 因 (because), yī 衣 (clothes), yūn 晕 (dizzy) and yú 鱼 (fish).
② When finals beginning with u have no initials preceding them, the quasi-initial w should be added or u should be changed into w. For example, wàn 万 (ten thousand) and wū 乌 (dark).
③ When the initials j, q or x precede a final beginning with ü, the two dots of ü should be omitted. For example, jù 句 (sentence), qù 去 (go) and xù 叙 (narrate).

3) Tone changes.
   ① When a 3rd tone is followed by another 3rd tone, the first 3rd tone should be pronounced as a 2nd tone. For example, nǐ hǎo 你好 (hello) is pronounced as ní hǎo.
   ② When bù 不 (not) and yī 一 (one) are followed by other characters, their tones change accordingly. When preceding characters with a 1st, 2nd or 3rd tone, 一 should be pronounced as a 4th tone; when preceding characters with a 4th tone, 不 and 一 should be pronounced as a 2nd tone. For example, bùkuài 不快 (upset) is pronounced as búkuài, yībiān 一边 (at the same time) pronounced as yìbiān, yīpáng 一旁 (one side) pronounced as yìpáng, yīdiǎnr 一点儿 (a few/little) pronounced as yìdiǎnr, yīgòng 一共 (altogether) pronounced as yígòng.

4) The retroflex ending r. As Beijing phonetics has been adopted as the standard pronunciation of Mandarin Chinese, there are many retroflex syllables. The spelling of a syllable with the retroflex ending requires adding r at the end of the original final. In terms of its function, the retroflex ending r may only indicate slight changes in pronunciation without changing meanings, for example, wánr 玩儿 (play) and wán 玩 (play). In other cases, it may be used to differentiate meanings, such as tóu 头 (head) 和 tóur 头儿 (boss).

5) Sound distinction symbol. When syllables beginning with a, o or e go after other syllables, pronunciation confusion might occur. In such cases, the sound distinction symbol (') is used to distinguish the syllables, such as Tiān'ān Mén 天安门 (Tian'an Men).

第一篇 Part One

常用汉语 900 句
Daily Chinese 900

见 面
— "你叫什么名字？"

Meeting People
— "What's your name?"

- 打招呼 Greeting People
- 感谢与安慰 Expressing Gratitude
- 拜访 Visiting Friends
- 告辞 Saying Goodbye
- 求助 Asking for Help
- 约会 Making an Appointment
- 打电话 Making a Phone Call
- 谈他人 Talking about Other People
- 谈心情 Talking about Moods
- 谈工作 Talking about Work
- 谈爱好 Talking about Hobbies

打招呼
Greeting People

1. **Nǐ hǎo!**
   你 好!
   Hello!

2. **Nǐ hǎo ma?**
   你 好 吗?
   How are you?

3. **Hǎojiǔ bú jiàn!**
   好久 不 见!
   Haven't seen you for a long time!

4. **Zuìjìn zěnmeyàng?**
   最近 怎么样?
   How are things with you?

5. **Gōngzuò mángbumáng?**
   工作 忙不忙?
   Are you busy at work?

6. **Hái búcuò.**
   还 不错。
   Not too bad.

7. **Qǐng jìn.**
   请 进。
   Come in, please.

见面 Meeting People

8. Nín guìxìng?
您 贵姓?
What's your (family) name?

9. Nín zěnme chēnghu?
您 怎么 称呼?
How should I address you?

10. Qǐngwèn, shéi shì Wáng jīnglǐ?
请问, 谁 是 王 经理?
Excuse me, is Mr. Wang (Manager Wang) here?

11. Nín shì Lǐ jiàoshòu ma?
您 是 李 教授 吗?
Are you Professor Li?

12. Wǒ jiù shì.
我 就 是。
It's me.

13. Qǐng zuò.
请 坐。
Sit down, please.

常见职业 Common professions

gōngrén 工人 laborer

fúwùyuán 服务员 waiter/waitress

jìzhě 记者 reporter

sījī 司机 driver

jǐngchá 警察 police officer

14. Wǒ lái jièshào yíxià.
我 来 介绍 一下。
Let me introduce you to each other.

15. Zhè wèi shì Zhāng xiānsheng. *(often pronounced as zhèi)*
这 位 是 张 先生。
This is Mr. Zhang.

16. Zhè shì wǒ de míngpiàn.
这 是 我 的 名片。
Here is my name card.

17. Jiàndào nǐ hěn gāoxìng.
见到 你 很 高兴。
Nice to meet you.

18. Nǐ jiào shénme míngzi?
你 叫 什么 名字?
What's your name?

19. Wǒ xìng Wáng.
我 姓 王。
My family name is Wang.

20. Wǒ jiào Wáng Yīlè.
我 叫 王 一乐。
My name is Wang Yile.

gōngwùyuán 公务员 civil servant
jiàoshī 教师 teacher
xuéshēng 学生 student
hùshi 护士 nurse
nóngmín 农民 farmer

感谢与安慰
Expressing Gratitude

21. Máfan nǐ le.
麻烦 你 了。
Thank you! / Sorry for the trouble.

22. Xièxie!
谢谢!
Thank you!

23. Fēicháng gǎnxiè!
非常 感谢!
Thank you very much!

24. Bú yòng xiè!
不 用 谢!
Don't mention it!

25. Bú kèqi.
不 客气。
You're welcome.

26. Duìbuqǐ.
对不起。
Sorry.

27. Méi guānxi.
没 关系。
That's all right.

28. Hěn bàoqiàn.
很 抱歉。
I'm really sorry.

29. Méi shénme.
没 什么。
It's OK.

30. Bié dānxīn.
别 担心。
Don't worry about it.

31. Bié jǐnzhāng.
别 紧张。
Take it easy.

32. Fàngsōng diǎnr.
放松 点儿。
Just relax.

33. Méi shìr.
没 事儿。
Take it easy. / It's nothing.

34. Wèntí bú dà.
问题 不 大。
It's nothing serious.

35. Fàngxīn ba.
放心 吧。
Don't worry about it.

见面 Meeting People

拜访
Visiting Friends

36. Zhè shì shéi de zhàopiàn? *often pronounced as zhàopiānr*
    这 是 谁 的 照片?
    Who is this in the photo? / Whose photo is this?

37. Tā shì shéi?
    她 是 谁?
    Who is she?

38. Zhè shì wǒ de nǚpéngyou Xiǎoyù.
    这 是 我 的 女朋友▼ 小玉。
    This is my girlfriend, Xiaoyu.

主要亲属及朋友 Main relatives and friends

bàba 爸爸 dad	mèimei 妹妹 younger sister	biǎogē 表哥 older male cousin	nánpéngyou 男朋友 boyfriend
māma 妈妈 mom	yéye 爷爷 grandpa	biǎomèi 表妹 younger female cousin	nǚpéngyou 女朋友 girlfriend
gēge 哥哥 elder brother	nǎinai 奶奶 grandma	àiren 爱人 husband/wife	wèihūnqī 未婚妻 fiancée
jiějie 姐姐 elder sister	jiùjiu 舅舅 uncle	zhàngfu (xiānsheng) 丈夫（先生） husband	wèihūnfū 未婚夫 fiancé
dìdi 弟弟 younger brother	yímā 姨妈 aunt	qīzi (tàitai) 妻子（太太） wife	

16

39. Zhēn piàoliang!
真 漂亮!
How beautiful!

40. Nǐ duō dà le?
你多大了?
How old are you?

41. Wǒ shíjiǔ suì le.
我 19 岁了。
I'm 19.

42. Zhù nǐ shēngrì kuàilè!
祝 你 生日 快乐!
Happy birthday to you!

43. Zhè shì wǒmen de yìdiǎnr xīnyì.
这 是 我们 的 一点儿 心意。
It's just a small gift.

44. Zhù nín jiànkāng chángshòu!
祝 您 健康 长寿!
I wish you a long and healthy life!

45. Wǒ māma xiàng nín wèn hǎo!
我 妈妈 向 您 问 好!
My mom sends her regards.

46. Nǐ tài hǎo le!
你 太 好 了!
It's very kind of you!

数字 Numbers

líng 零 zero	wǔ 五 five	shí 十 ten	jiǔshíjiǔ 九十九 ninety-nine
yī 一 one	liù 六 six	shíyī 十一 eleven	yìbǎi 一百 one hundred
èr 二 two	qī 七 seven	shí'èr 十二 twelve	yìqiān 一千 one thousand
sān 三 three	bā 八 eight	èrshí 二十 twenty	yíwàn 一万 ten thousand
sì 四 four	jiǔ 九 nine	sānshíyī 三十一 thirty-one	yíyì 一亿 one hundred million

Meeting People 见面

47.
Gānbēi!
干杯!
Cheers!

48.
Nǐ de shēngrì shì jǐ yuè jǐ hào?
你的 生日 是几月几号?
When is your birthday?

49.
Nǐ shì nǎ guó rén?
你是哪国人?
(often pronounced as něi)
Which country are you from?

50.
Nǐ shì shénme dìfang de rén?
你是 什么 地方 的人?
Where are you from?

51.
Nǐmen jiā yǒu jǐ kǒu rén?
你们 家有几口人?
How many people are there in your family?

52.
Wǒmen jiā yǒu sān kǒu rén.
我们 家有三口人。
There are three people in my family.

53.
Nǐ jiā yǒu chǒngwù ma?
你家有 宠物 吗?
Do you have any pets?

54.
Wǒmen jiā yǒu yì zhī xiǎo gǒu.
我们 家有一只小 狗。
We have a puppy.

55.
Zěnme hé nǐ liánxì ne?
怎么 和你联系 呢?
How can I reach you?

56.
Nǐ de diànhuà hàomǎ shì duōshao?
你的 电话 号码 是 多少?
What's your phone number?

57.
Nǐ yǒu diànzǐ yóuxiāng ma?
你有 电子 邮箱 吗?
Do you have an e-mail address?

告辞
Saying Goodbye

58.
Shíjiān bù zǎo le.
时间 不 早 了。
It's getting late.

59.
Wǒmen gāi zǒu le.
我们 该 走 了。
We'd better go.

60.
Hái zǎo ne.
还 早 呢。
It's still early.

61.
Zài zuò huìr ba.
再 坐 会儿 吧。
Won't you stay a little longer?

62.
Wǒmen hái yǒu shìr.
我们 还 有 事儿。
We have something else to do.

63.
Wǒmen huíqu le.
我们 回去 了。
We are leaving now.

64.
Wǒmen zǒu ba.
我们 走 吧。
Let's go.

见面 Meeting People

65. Zàijiàn!
再见!
Goodbye!

66. Wǒ sòngsong nǐmen.
我 送送 你们。
Let me see you out.

67. Bié sòng le.
别 送 了。
Please don't bother to see us out.

68. Yǐhòu cháng lái wánr.
以后 常 来 玩儿。
Do come again.

69. Yǒu kòng gěi wǒ dǎ diànhuà.
有 空 给我打 电话。
Give me a call when you are free.

70. Duō bǎozhòng!
多 保重!
Take good care of yourself!

71. Bǎochí liánxì!
保持 联系!
Keep in touch!

When guests leave, the hosts usually see them out or even see them to a car or a taxi. A polite response to this can be "请留步 Qǐng liúbù" (literally, please stop your steps) or "请回吧 Qǐng huí ba" (literally, please go back).

求助
Asking for Help

72. Nǐ néng bāng wǒ yí ge máng ma?
你 能 帮 我 一 个 忙 吗?
Could you do me a favor?

73. Kěyǐ bāng wǒmen zhào zhāng xiàng ma?
可以 帮 我们 照 张 相 吗?
Could you take a picture for us, please?

74. Dāngrán kěyǐ.
当然 可以。
Of course.

75. Kuài lái rén a!
快 来 人 啊!
Can anybody help us?

76. Xiǎngxiang bànfǎ ba.
想想 办法 吧。
Try to do something about it.

77. Kuài jiào jiùhùchē!
快 叫 救护车!
Quick! Call an ambulance!

约会
Making an Appointment

often pronounced as wéi

78. Wèi, qǐngwèn Xiǎo Zhāng zài ma?
喂，请问小张在吗？
Hello, can I speak to Xiao Zhang?

79. Zài, nín shāo děng.
在，您稍等。
Yes, one moment, please.

80. Xiǎo Zhāng, nǐ de diànhuà.
小张，你的电话。
Xiao Zhang, it's for you.

often pronounced as něi

81. Wèi, qǐngwèn shì nǎ wèi?
喂，请问是哪位？
Hello, who is it?

82. Nǐ dǎcuò le.
你打错了。
You've dialed the wrong number.

83. Nǐ shénme shíhou yǒu kòng?
你什么时候有空？
When are you free?

84. Wǒmen qù mǎi dōngxi ba.
我们去买东西吧。
Let's go shopping.

85. Zěnme qù?
怎么 去?
How shall we go there?

86. Zuò dìtiě qù ba.
坐 地铁 去 吧。
Let's take the subway.

87. Wǒ zài dìtiězhàn děng nǐ.
我 在 地铁站 等 你。
I'll wait for you at the subway station.

88. Kěyǐ ma?
可以 吗?
Is that OK?

89. Méi wèntí.
没 问题。
No problem.

交通工具 Vehicles

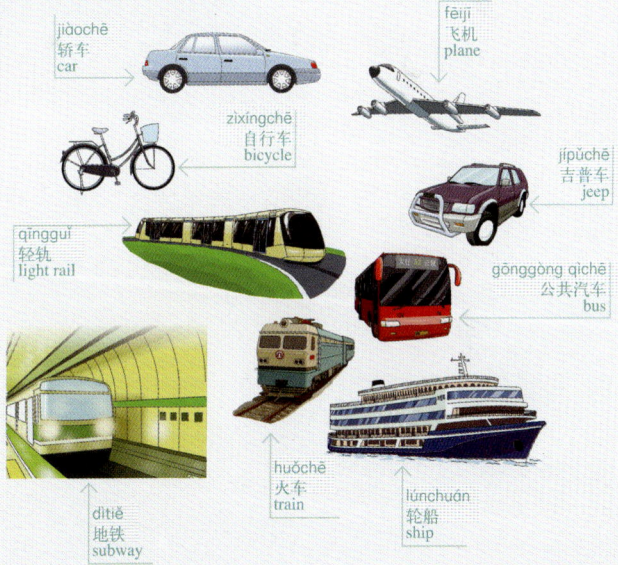

jiàochē 轿车 car

fēijī 飞机 plane

zìxíngchē 自行车 bicycle

jípǔchē 吉普车 jeep

qīngguǐ 轻轨 light rail

gōnggòng qìchē 公共汽车 bus

dìtiě 地铁 subway

huǒchē 火车 train

lúnchuán 轮船 ship

见面 Meeting People

90. Wǒmen yìqǐ chī wǎnfàn hǎobuhǎo?
我们 一起 吃 晚饭 好不好?
How about having dinner with me?

91. Wǒmen jǐ diǎn jiànmiàn?
我们 几 点 见面?
What time shall we meet?

92. Zài nǎr jiànmiàn?
在 哪儿 见面?
Where shall we meet?

93. Yào wǒ qù jiē nǐ ma?
要 我 去 接 你 吗?
Do you want me to pick you up?

94. Bú yòng le.
不 用 了。
No, thanks.

95. Jīntiān xīngqī jǐ?
今天 星期 几?
What day is it today?

often pronounced as ⋯⋯ zhèige

96. Zhège zhōumò wǒ méiyǒu shíjiān.
这个 周末 我 没有 时间。
I don't have any free time this weekend.

97. Xièxie nǐ de yāoqǐng, kěshì…
谢谢 你 的 邀请, 可是……
Thanks for the invitation, but…

98. Wǒ yǒu bié de ānpái le.
我 有 别 的 安排 了。
I have other plans.

星期 Days of the week

Xīngqīyī 星期一 Monday	Xīngqīsān 星期三 Wednesday	Xīngqīwǔ 星期五 Friday	Xīngqītiān 星期天 Sunday
Xīngqī'èr 星期二 Tuesday	Xīngqīsì 星期四 Thursday	Xīngqīliù 星期六 Saturday	

99. Bié de shíjiān kěyǐ ma?
别 的 时间 可以 吗?
How about some other time?

100. Yǐhòu zài shuō ba.
以后 再 说 吧。
We'll talk about that later.

101. Nǐ kànjiàn tā le ma?
你 看见 他 了 吗?
Have you seen him?

102. Wǒ méi kànjiàn.
我 没 看见。
I haven't seen (him).

103. Tā zài nàr ne!
他 在 那儿 呢!
There he is!

104. Duìbuqǐ, wǒ láiwǎn le.
对不起, 我 来晚 了。
Sorry, I'm late.

105. Ràng nǐ jiǔ děng le.
让 你 久 等 了。
Sorry for having kept you waiting.

时间（1） Time (1)

qùnián
去年
last year

qiántiān
前天
the day before yesterday

zuótiān
昨天
yesterday

jīntiān
今天
today

míngtiān
明天
tomorrow

hòutiān
后天
the day after tomorrow

zhège xīngqī
这个星期
this week

liǎng ge xīngqī yǐhòu
两个星期以后
in two weeks

xià ge yuè
下个月
next month

jīnnián
今年
this year

míngnián
明年
next year

打电话
Making a Phone Call

106. Shì Liú jīnglǐ jiā ma?
是 刘 经理 家 吗?
Is this Mr. Liu's (Manager Liu's) home?

107. Tā shénme shíhou huílai?
他 什么 时候 回来?
When will he come home?

108. Wǒ yě bù zhīdào.
我 也 不 知道。
I don't know either.

109. Nǐ zhǎo tā yǒu jíshì?
你 找 他 有 急事?
Is there anything urgent?

110. Nǐ gěi tā dǎ shǒujī ba.
你 给 他 打 手机 吧。
You can call his cell phone.

111. Máfan nín zhuǎngào Liú jīnglǐ.
麻烦 您 转告 刘经理。
Could you please tell Mr. Liu (Manager Liu) ...

112. Qǐng tā gěi wǒ huí ge diànhuà.
请 他 给 我 回 个 电话。
Could you please ask him to call me back?

113. Wǒ yídìng zhuǎngào tā.
我 一定 转告 他。
I will be sure to tell him.

谈他人
Talking about Other People

114.
Nǐ juéde tā zěnmeyàng?
你 觉得 他 怎么样?
What do you think of him?

115.
Tā tǐng shuài de.
他 挺 帅 的。
He is quite handsome.

116.
Tā rén hěn hǎo.
他 人 很 好。
He is very kind.

117.
Gèzi hěn gāo.
个子 很 高。
He is very tall.

118.
Tā tèbié cōngming.
他 特别 聪明。
He is very smart.

119.
Tā shì yī jiǔ qī jiǔ nián chūshēng de.
他 是 1979 年 出生 的。
He was born in 1979.

120.
Tā shì zuò shénme de?
他 是 做 什么 的?
What does he do?

见面 Meeting People

121. Tā shì kuàijìshī.
他 是 会计师。
He is an accountant.

122. Tā zài yínháng gōngzuò.
他 在 银行 工作。
He works in a bank.

外貌 Appearance

gāogāo de
高高的
tall

ǎi'ǎi de
矮矮的
short

yuán liǎn de
圆脸的
round-faced

dài yǎnjìng de
戴眼镜的
with glasses

jiànzhuàng de
健壮的
strong

piàoliang de
漂亮的
beautiful

shòushòu de
瘦瘦的
thin

miáotiao de
苗条的
slim

pàngpàng de
胖胖的
fat

谈心情
Talking about Moods

123.
Zěnme le?
怎么 了?
What's the matter?

124.
Tā hǎoxiàng bú tài gāoxìng.
他 好像 不 太 高兴。
He seems to be upset.

125.
Kěnéng ba.
可能 吧。
I guess so.

126.
Nǐ zài xiǎng shénme?
你 在 想 什么?
What are you thinking?

127.
Nǐ jīntiān xīnqíng bù hǎo ma?
你 今天 心情 不 好 吗?
Are you upset about something?

128.
Wǒ tài nánguò le.
我 太 难过 了。
I feel so depressed.

129. Bié shēngqì.
别 生气。
Don't get angry.

130. Wǒ bú shì nàge yìsi. *(often pronounced as nèige)*
我 不 是 那个 意思。
I didn't mean that.

131. Chū shénme shì le?
出 什么 事 了?
What happened?

132. Wǒ yí yè méi shuì.
我 一 夜 没 睡。
I didn't get any sleep last night.

133. Wǒ nǚpéngyou gēn wǒ fēnshǒu le.
我 女朋友 跟 我 分手 了。
My girlfriend broke up with me.

134. Zhēn méi xiǎngdào.
真 没 想到。
I really hadn't thought of that.

135. Wǒ zhēn de hěn ài tā.
我 真 的 很 爱 她。
I really love her.

136. Wǒ xūyào tā.
我 需要 她。
I need her.

137. Nǐ méishì ba? *(often pronounced as méishìr)*
你 没事 吧?
Are you OK?

138. Wǒ xiǎng zìjǐ dāi huìr.
我 想 自己 呆 会儿。
Please leave me alone.

30

139. Nǐ bié zài xīyān le.
你别再吸烟了。
Don't smoke any more.

140. Zhèyàng duì shēntǐ bù hǎo.
这样 对 身体 不 好。
It's not good for your health.

(这样 often pronounced as zhèiyàng)

141. Shǎo hē diǎnr jiǔ.
少 喝 点儿 酒。
You should drink less.

142. Zài xuéxiào hái hǎo ma?
在 学校 还 好 吗?
How are you doing at university?

143. Hái xíng ba.
还 行 吧。
It's alright.

144. Tiānqì tài lěng.
天气 太 冷。
It's very cold.

145. Wǒ bú tài xíguàn.
我 不 太 习惯。
I'm not used to it.

146. Wǒ hěn xiǎng jiā.
我 很 想 家。
I miss home.

147. Wǒ xiǎng nǐmen.
我 想 你们。
I miss you.

148. Yào zhùyì shēntǐ.
要 注意 身体。
Take care of your health.

见面 Meeting People

谈工作
Talking about Work

often pronounced as **něige**

149. Nǐ shì **nǎge** dàxué bìyè de?
你 是 哪个 大学 毕业 的?
Which university did you graduate from?

150. Nǐ yǐqián zuòguo shénme gōngzuò?
你 以前 做过 什么 工作?
What jobs have you had before?

151. Wǒ yǐqián shì jìzhě.
我 以前 是 记者。
I used to be a reporter.

152. Qùnián cízhí le.
去年 辞职 了。
I left last year.

153. Nǐ wèi shénme cízhí?
你 为 什么 辞职?
Why did you leave?

154. Wǒ xiǎng huàn ge huánjìng.
我 想 换 个 环境。
I want to do something different.

155. Nǐ yǐhòu xiǎng zuò shénme?
你 以后 想 做 什么？
What do you want to do in the future?

156. Wǒ xiǎng dāng fānyì.
我 想 当 翻译。
I want to be a translator.

157. Nǐ zài zhèli gōngzuò duō cháng shíjiān le?
你 在 这里 工作 多 长 时间 了？
How long have you been working here?

158. Wǒ jīnnián Yīyuè gāng lái zhèli.
我 今年 一月 刚 来 这里。
I came here in January.

159. Wǒ shì qùnián bìyè de.
我 是 去年 毕业 的。
I graduated last year.

160. Nǐ měitiān jǐ diǎn shàngbān?
你 每天 几 点 上班？
What are your working hours?

月份 Months of the year

Yīyuè 一月 January	Sìyuè 四月 April	Qīyuè 七月 July	Shíyuè 十月 October
Èryuè 二月 February	Wǔyuè 五月 May	Bāyuè 八月 August	Shíyīyuè 十一月 November
Sānyuè 三月 March	Liùyuè 六月 June	Jiǔyuè 九月 September	Shí'èryuè 十二月 December

谈爱好
Talking about Hobbies

161. Nǐ zuìjìn máng shénme ne?
你 最近 忙 什么 呢?
What are you up to these days?

162. Wǒ duì guóhuà hěn yǒu xìngqù.
我 对 国画 很 有 兴趣。
I'm quite interested in traditional Chinese painting.

163. Wǒ xiǎng xué de dōngxi tài duō le.
我 想 学 的 东西 太 多 了。
There are so many things I want to learn.

164. Nǐ yǒu shénme àihào?
你 有 什么 爱好?
What are your hobbies?

165. Wǒ xǐhuan dǎ pīngpāngqiú.
我 喜欢 打 乒乓球。
I like table tennis.

166. Zhōumò nǐ yìbān gàn shénme?
周末 你 一般 干 什么?
What do you usually do on weekends?

167. Wǒ xǐhuan kàn shū hé tīng yīnyuè.
我 喜欢 看 书 和 听 音乐。
I like reading and listening to music.

就 餐
— "你想吃什么？"

Dining
— "What would you like to eat?"

- 快餐厅 At a Fast Food Restaurant
- 中餐厅 At a Chinese Restaurant
- 自助餐 At a Buffet
- 街头小吃 Buying Food in the Street
- 家庭聚会 At a Family Gathering
- 宴会 At a Banquet

快餐厅
At a Fast Food Restaurant

168. Wǒ è le.
我 饿了。
I'm hungry.

169. Huānyíng guānglín!
欢迎 光临!
Welcome!

170. Nǐ xiǎng chī shénme?
你 想 吃 什么?
What would you like to eat?

171. Zài zhèr chī háishi dàizǒu?
在 这儿 吃 还是 带走?
For here or to go?

172. Yào liǎng ge bīngjīlíng.
要 两 个 冰激凌。
Two ice creams, please.

173. Wǒ yào zhège... hái yǒu nàge. *(often pronounced as zhèige, nèige)*
我 要 这个, 还有 那个。
I'd like this... and that.

174. Nǎ yí ge? *(often pronounced as něi)*
哪 一 个?
Which one?

175. Hē chá háishi hē kāfēi?
喝 茶 还是 喝 咖啡?
Tea or coffee?

176. Wǒ xiǎng hē bēi kāfēi.
我 想 喝 杯 咖啡。
I'd like a cup of coffee.

177. Hái yào bié de ma?
还 要 别 的 吗?
Anything else?

178. Bú yào le.
不 要 了。
Nothing else, thanks.

179. Jiù yào zhèxiē. *(often pronounced as zhèixiē)*
就 要 这些。
That's all.

180. Qǐng nǐ zài gěi wǒ jǐ zhāng cānjīnzhǐ.
请 你 再 给 我 几 张 餐巾纸。
Could you give me a few more napkins, please?

181. Yígòng shì sānshíbā kuài wǔ máo. *(see note on page 53)*
一共 是 38 块 5 毛。
That's 38 yuan and 5 jiao in total.

182. Xǐshǒujiān zài nǎr?
洗手间 在 哪儿?
Where is the restroom?

183. Xǐshǒujiān zài èr lóu.
洗手间 在 二 楼。
The restroom is on the second floor.

184. Qǐngwèn zhèli yǒu rén ma?
请问 这里 有 人 吗?
Excuse me, is this seat taken?

185. Zhè shì shéi de?
这 是 谁 的?
Whose is this?

186. Zhè shì wǒ de.
这 是 我 的。
It's mine.

187. Nǐ guòlai zuò ba.
你 过来 坐 吧。
Come here and take a seat.

37

中餐厅
At a Chinese Restaurant

188. Nǐmen yǒu shénme tèsècài?
你们 有 什么 特色菜?
What's your specialty?

189. Yào yí ge Gōngbǎo Jīdīng.
要 一 个 宫保 鸡丁。
Kung Pao Chicken, please.

190. Wǒ xiǎng chī xiē shūcài.
我 想 吃 些 蔬菜。
I want to have some vegetables.

191. Yǒu shénme jìkǒu de ma?
有 什么 忌口 的 吗?
Is there anything you don't eat?

192. Wǒ bù chī ròu.
我 不 吃 肉。
I don't eat meat.

193. Zuìhǎo qīngdàn diǎnr.
最好 清淡 点儿。
Go easy on the oil, please.

194. Mǐfàn xiān shàng ba.
米饭 先 上 吧。
Please serve the rice first.

195. Yǒu píjiǔ ma?
有 啤酒 吗?
Do you have beer?

196. Yào bīng de.
要 冰 的。
With ice, please.

197. Wǒmen de cài zuòhǎo le ma?
我们 的 菜 做好 了 吗?
Is our order ready now?

198. Yǐjing děngle shíwǔ fēnzhōng le.
已经 等了 15 分钟 了。
I've been waiting for 15 minutes.

199. Zài jiā ge cài ba.
再 加 个 菜 吧。
We'd like to order one more dish.

200. Máfan nǐ zài jiā diǎnr shuǐ.
麻烦 你 再 加 点儿 水。
Please refill the teapot.

often pronounced as ⋯⋯ zhèi

201. Qǐng bǎ zhè jǐ ge cài dǎbāo.
请 把 这 几个 菜 打包。
Could you pack up the leftovers for us?

202. Fúwùyuán, jiézhàng.
服务员, 结账。
Waiter, the bill, please.

常见饭菜 Common dishes

Běijīng Kǎoyā
北京烤鸭
Beijing Roast Duck

Gōngbǎo Jīdīng
宫保鸡丁
Kung Pao Chicken

Mápó Dòufu
麻婆豆腐
Mapo Tofu

Yúxiāng Ròusī
鱼香肉丝
shredded pork, Chongqing style

Tángcù Lǐyú
糖醋鲤鱼
sweet and sour fish

Xīhóngshì Chǎo Jīdàn
西红柿炒鸡蛋
fried eggs with tomato

Mùxūròu
木须肉
Moo Shu Pork

Suānlàtāng
酸辣汤
hot and sour soup

Xīhóngshì Jīdàn Tāng
西红柿鸡蛋汤
tomato and egg soup

jiǎozi
饺子
savory Chinese dumplings

bāozi
包子
stuffed steamed buns

chǎomiàn
炒面
fried noodles

Yángzhōu Chǎofàn
扬州炒饭
fried rice, Yangchow style

Dining

203. AA zhì ba.
AA 制吧。
Let's split the bill.

204. Jīntiān wǒ qǐngkè.
今天 我 请客。
It's my treat today.

205. Nǐ zhēn hǎo.
你 真 好。
It's very kind of you.

206. Xiàcì wǒmen qǐng nǐ.
下次 我们 请 你。
We will treat you next time.

207. Duìbuqǐ, wǒmen zhǐ shōu xiànjīn.
对不起，我们 只 收 现金。
Sorry, we only take cash.

208. Fùjìn yǒu qǔkuǎnjī ma?
附近 有 取款机 吗?
Is there an ATM nearby?

209. Zhēn bùhǎoyìsi.
真 不好意思。
I'm really sorry.

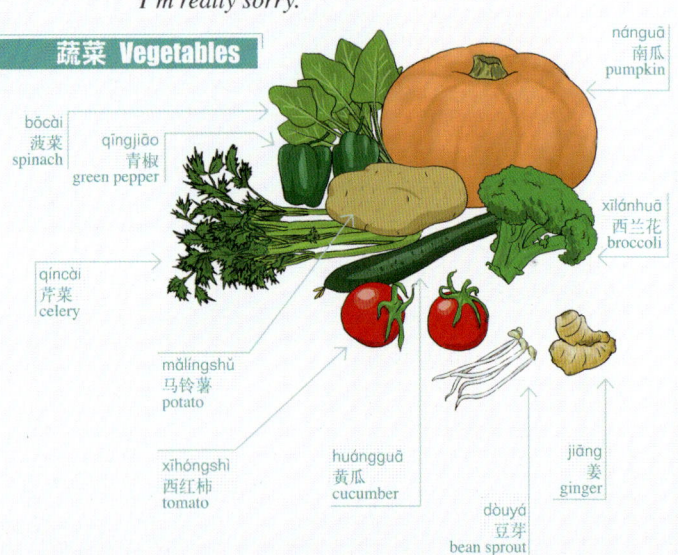

蔬菜 Vegetables

- bōcài 菠菜 spinach
- qīngjiāo 青椒 green pepper
- nánguā 南瓜 pumpkin
- xīlánhuā 西兰花 broccoli
- qíncài 芹菜 celery
- mǎlíngshǔ 马铃薯 potato
- xīhóngshì 西红柿 tomato
- huángguā 黄瓜 cucumber
- dòuyá 豆芽 bean sprout
- jiāng 姜 ginger

自助餐
At a Buffet

210. Lǐbian méiyǒu zuòwèi le.
里边 没有 座位 了。
There are no seats inside.

211. Qǐng nǐmen děng yíhuìr xíng ma?
请 你们 等 一会儿 行 吗?
Would you please wait for a while?

212. Wǒmen děi děng duō jiǔ?
我们 得 等 多 久?
How long do we need to wait?

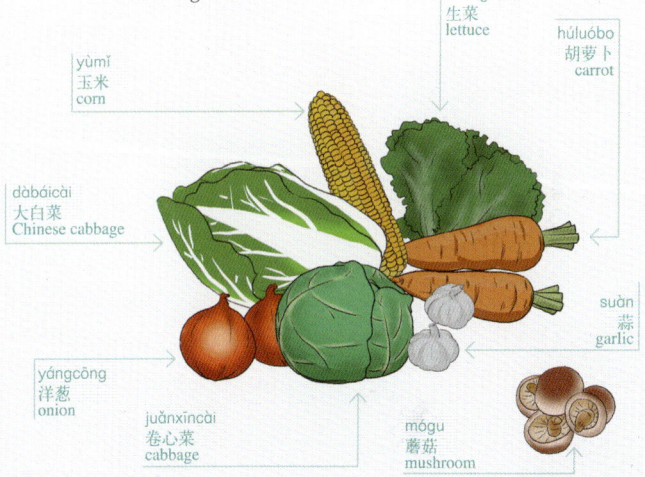

- yùmǐ / 玉米 / corn
- shēngcài / 生菜 / lettuce
- húluóbo / 胡萝卜 / carrot
- dàbáicài / 大白菜 / Chinese cabbage
- suàn / 蒜 / garlic
- yángcōng / 洋葱 / onion
- juǎnxīncài / 卷心菜 / cabbage
- mógu / 蘑菇 / mushroom

Dining 就餐

213. Wǒmen qù bié de dìfang ba.
我们 去别的 地方 吧。
Let's try another place.

214. Pánzi zài nǎr?
盘子 在 哪儿?
Where are the plates?

215. Nǐ zài gàn shénme ne?
你 在 干 什么 呢?
What are you doing?

216. Wǒ zài fā duǎnxìn ne.
我 在 发 短信 呢。
I'm sending a text message.

217. Wèidao zěnmeyàng?
味道 怎么样?
How's the food?

218. Wǒ hái méi chī ne.
我 还 没 吃 呢。
I haven't tried it yet.

219. Yǒudiǎnr xián.
有点儿 咸。
It is a little salty.

220. Chǎomiàn chīwán le.
炒面 吃完 了。
I've finished my fried noodles.

221. Wǒ chī de tài duō le.
我 吃 得太多 了。
I've eaten too much.

222. Zhēn de hěn hǎochī!
真 的 很 好吃!
It's really delicious!

口味 Tastes

suān 酸 sour	kǔ 苦 bitter	xián 咸 salty	lěng 冷 cold	tàng 烫 scalding
tián 甜 sweet	là 辣 spicy	xiān 鲜 fresh	rè 热 hot	cuì 脆 crisp

街头小吃
Buying Food in the Street

223. Zhème duō rén a!
这么 多 人 啊!
(There are) so many people!

224. Zhēn rènao!
真 热闹!
What a busy place!

225. Zhè lǐmian shì shénme?
这 里面 是 什么?
What's in it?

226. Wǒ yě bú tài qīngchu.
我 也 不 太 清楚。
I don't know either.

227. Zhè shì Chéngdū xiǎochī.
这 是 成都 小吃。
These are local snacks from Chengdu.

228. Nǐmen xǐhuan chī là de ma?
你们 喜欢 吃 辣 的 吗?
Do you like spicy food?

229. Tiān na, tài là le!
天 哪, 太 辣 了!
Wow, it's so spicy!

230. Wǒ xiǎng hē shuǐ.
我 想 喝 水。
I'd like some water.

就餐 Dining

231. Wǒmen qù mǎi diǎnr yǐnliào ba!
我们 去 买 点儿 饮料 吧!
Let's go and buy some drinks.

232. Wǒ xǐhuan chī yángròuchuànr.
我 喜欢 吃 羊肉串儿。
I like barbecued mutton.

233. Hǎochī ma?
好吃 吗?
Does it taste good?

234. Zhēn xiāng!
真 香!
Smells great!

肉类 Meat

jīròu	zhūròu	niúròu	yángròu	yúròu
鸡肉	猪肉	牛肉	羊肉	鱼肉
chicken	pork	beef	mutton	fish

饮料 Beverages

- júzishuǐ 橘子水 orangeade
- niúnǎi 牛奶 milk
- kuàngquánshuǐ 矿泉水 mineral water
- chá 茶 tea
- rè qiǎokèlì 热巧克力 hot chocolate
- báikāishuǐ 白开水 boiled water
- kāfēi 咖啡 coffee
- kělè 可乐 cola

家庭聚会
At a Family Gathering

235. Zhè shì tā de náshǒucài.
这 是 她的 拿手菜。
This dish is her specialty.

236. Nǐ chángchang!
你 尝尝!
Try it!

237. Wǒ zìjǐ lái.
我 自己 来。
Let me help myself.

238. Hǎochī jí le!
好吃 极了!
It's delicious!

often pronounced as zhèi

239. Zhè dào cài zěnme zuò?
这 道 菜 怎么 做?
How do you make this dish?

240. Nǐ duō chī diǎnr.
你 多 吃 点儿。
Help yourself to some more.

241. Hǎo ba.
好 吧。
OK.

242. Wǒ chībǎo le.
我 吃饱 了。
I'm full.

243. Nǐ zài hē diǎnr píjiǔ.
你 再 喝 点儿 啤酒。
Have some more beer.

244. Zhēn de bù néng zài hē le.
真 的 不 能 再 喝 了。
I really can't drink any more.

245. Wǒ de jiǔliàng hěn xiǎo.
我 的 酒量 很 小。
I can't drink alcohol.

246. Tā hēzuì le.
他 喝醉 了。
He is drunk.

酒类 Drinks

- báipútáojiǔ 白葡萄酒 white wine
- wēishìjì 威士忌 whiskey
- báijiǔ 白酒 spirits
- hóngpútáojiǔ 红葡萄酒 red wine
- báilándì 白兰地 brandy
- xiāngbīnjiǔ 香槟酒 champagne
- píjiǔ 啤酒 beer

宴会
At a Banquet

247. Nín qǐng zhèbian zuò. *(often pronounced as zhèibian)*
您 请 这边 坐。
Please sit here.

248. Nín xiān qǐng!
您 先 请!
Help yourself to some food.

249. Bié zhème kèqi.
别 这么 客气。
Don't stand on ceremony.

250. Zhège dìfang hěn búcuò! *(often pronounced as zhèige)*
这个 地方 很 不错!
Nice place!

251. Zhèli de Guǎngdōngcài bǐjiào dìdao.
这里 的 广东菜 比较 地道。
The Cantonese food here is authentic.

252. Chúshī shì Xiānggǎngrén.
厨师 是 香港人。
The chefs are from Hong Kong.

253. Cài tài duō le ba.
菜 太 多 了 吧。
It is really a big dinner!

254. Gǎnxiè nǐmen de rèqíng kuǎndài.
感谢 你们 的 热情 款待。
Thank you for your hospitality.

255. Wǒmen yě gǎndào shífēn róngxìng.
我们 也 感到 十分 荣幸。
We're very honored, too.

256. Wèi wǒmen de hézuò chénggōng gānbēi!
为 我们 的 合作 成功 干杯!
Let's toast to our successful cooperation!

主要菜系 Kinds of cuisine

Yuècài
粤菜
Cantonese cuisine

Huáiyángcài
淮扬菜
Huaiyang cuisine

Xiāngcài
湘菜
Hunan cuisine

Chuāncài
川菜
Sichuan cuisine

Lǔcài
鲁菜
Shandong cuisine

Gōngtíngcài
宫廷菜
Court cuisine

食品 Food

hànbǎo 汉堡 hamburger

bǐsàbǐng 比萨饼 pizza

dàngāo 蛋糕 cake

suānnǎi 酸奶 yoghurt

bǐnggān 饼干 cookies

nǎilào 奶酪 cheese

zhá shǔtiáo 炸薯条 French fries

bīngjīlíng 冰激凌 ice cream

Yìdàlìmiàn 意大利面 pasta

购物
— "多少钱？"

Shopping
— "How much is it?"

- 超市 At the Supermarket
- 水果市场 At the Fruit Market
- 二手市场 At the Second-hand Market
- 电话购物 Shopping by Phone
- 服装店 At the Clothes Store
- 商场 At the Department Store
- 书店 At the Bookstore

超市
At the Supermarket

257. Yào cún bāo ma?
要 存 包 吗?
Do I need to leave my bag here?

258. Qǐngwèn xǐfàshuǐ zài shénme dìfang?
请问 洗发水 在 什么 地方?
Excuse me, where is the shampoo?

259. Qǐng ràng yíxià.
请 让 一下。
Excuse me. Can I get by?

260. Zhèxiē yǐjing fùguo qián le. (often pronounced as zhèixiē)
这些 已经 付过 钱 了。
I've paid for these.

261. Zhè shì wǒ zuótiān mǎi de.
这 是 我 昨天 买 的。
I bought it yesterday.

262. Bù néng yòng.
不 能 用。
It doesn't work.

263.
Wǒ xiǎng tuì huò.
我 想 退货。
I'd like to return this.

264.
Wǒ kànkan.
我 看看。
Let me have a look.

265.
Kěnéng shì huài le.
可能 是 坏了。
Maybe something is wrong with it.

266.
Nín de fāpiào dàilai le ma?
您 的 发票 带来 了 吗?
Do you have the receipt with you?

267.
Gěi nín huàn yí ge xíng ma?
给 您 换 一 个 行 吗?
Can I exchange one for you?

268.
Máfan nín gěi tuìle ba.
麻烦 您 给 退了 吧。
Can I return this?

日用品 Household items

- xǐfàshuǐ 洗发水 shampoo
- yùyè 浴液 bath liquid
- shūzi 梳子 comb
- xiāngshuǐ 香水 perfume
- yùjīn 浴巾 bath towel
- fángshàishuāng 防晒霜 sunblock
- máojīn 毛巾 towel
- xiāngzào 香皂 soap
- miànshuāng 面霜 face cream
- xǐmiànnǎi 洗面奶 cleansing facial milk

购物 Shopping

水果市场
At the Fruit Market

269. Zhè júzi tián ma?
这 橘子 甜 吗?
Are the tangerines sweet?

270. Duōshao qián yì jīn?
多少 钱 一斤?
How much per jin?

271. Nǐ yào duōshao?
你 要 多少?
How many do you want?

272. Wǒ méiyǒu língqián.
我 没有 零钱。
I don't have change.

273. Gěi nǐ yì zhāng yìbǎi de.
给 你 一 张 100 的。
Here's a 100 yuan note.

Fortune Cookies

In China, there are two units of measurement for weight: the metric system and "市制 (shìzhì)", a traditional Chinese system of weight, with "斤" *jin* as its basic unit. When you buy vegetables, fruit and other food, the price is usually calculated by *jin* rather than by kilo. One *jin* is equal to 500 grams.

人民币 RMB

yī fēn　　　　　　　　wǔ jiǎo　　　　　　　　yìbǎi yuán
一分　　　　　　　　　五角　　　　　　　　　一百元
one *fen*　　　　　　　five *jiao*　　　　　　　one hundred *yuan*

èr fēn　　　　　　　　shí yuán　　　　　　　　yiqiān yuán
二分　　　　　　　　　十元　　　　　　　　　一千元
two *fen*　　　　　　　ten *yuan*　　　　　　　one thousand *yuan*

ten *fen* = one *jiao/mao*
ten *jiao/mao* = one *yuan/kuai*

274. Wǒ zhǎobukāi.
我　找不开。
I can't change that.

275. Wǒ qù huàn diǎnr língqián ba.
我　去　换　点儿　零钱　吧。
I'll go and change some money.

276. Zhè shì yì zhāng wǔ máo de, bú shì wǔ kuài de.
这　是 一　张　5 毛 的，不 是 5 块　的。
This is 5 jiao, not 5 yuan.

277. Wǒ kàncuò le.
我　看错　了。
My mistake.

278. Zhǎo nín jiǔshísān.
找　您　93。
93 yuan change.

水果 Fruits

- táozi 桃子 peach
- xiāngjiāo 香蕉 banana
- xīguā 西瓜 watermelon
- píngguǒ 苹果 apple
- níngméng 柠檬 lemon
- cǎoméi 草莓 strawberry
- pútáo 葡萄 grape
- lí 梨 pear
- míhóutáo 猕猴桃 kiwi fruit
- yīngtáo 樱桃 cherry
- chéngzi 橙子 orange
- mángguǒ 芒果 mango

二手市场
At the Second-hand Market

279. Zhè shì shénme páizi de?
这 是 什么 牌子 的?
What brand is it?

280. Zhèr yǒu diǎnr máobìng.
这儿 有 点儿 毛病。
Something seems wrong here.

281. Wǒ bù xiǎng yào le.
我 不 想 要 了。
I don't want it.

282. Mǎshàng kěyǐ xiūhǎo.
马上 可以 修好。
I can fix it in a minute.

283. Nǐ shuō ge jià ba.
你 说 个 价 吧。
How much are you offering?

284. Zuìduō yìbǎi kuài.
最多 100 块。
100 yuan at most.

电话购物
Shopping by Phone

285. Shì jìnkǒu de ma?
是 进口 的 吗?
Is it imported?

286. Shì nǎr shēngchǎn de?
是 哪儿 生产 的?
Where was it made?

287. Kěyǐ diànhuà dìnghuò ma?
可以 电话 订货 吗?
Can I order by phone?

288. Zěnme fùqián ne?
怎么 付钱 呢?
How do I make payment?

289. Kěyǐ dào yóujú huìkuǎn.
可以 到 邮局 汇款。
You can pay via the post office.

290. Yě kěyǐ huò dào fùkuǎn.
也可以 货 到 付款。
Or you can just pay on delivery.

291. Háishi huò dào fùkuǎn zuì fāngbiàn.
还是 货 到 付款 最 方便。
Paying on delivery sounds most convenient.

292. Wǒ hái yǒu yí ge wèntí.
我 还 有 一 个 问题。
I have another question.

293. Bù héshì néngbunéng tuìhuàn?
不 合适 能不能 退换?
Can I return or change it/them if there is a problem?

294. Wǒ yào dìng ge bǐsàbǐng.
我 要 订 个 比萨饼。
I want to order a pizza.

295. Dà de háishi xiǎo de?
大 的 还是 小 的?
Big or small?

296. Qǐng sòngdào Běijīng Dàxué xīmén ba.
请 送到 北京 大学 西门 吧。
Could you please deliver it to the West Gate of Peking University?

297. Nǐ shuō yí ge shíjiān.
你 说 一 个 时间。
Please name a time.

298. Xiànzài shì shíyī diǎn sìshí.
现在 是 11 点 40。
It's 11:40 now.

299. Wǒ dàgài shí'èr diǎn shí fēn dào.
我 大概 12 点 10 分 到。
I will be there at about 12:10.

300. Dàole zài gěi nín dǎ diànhuà.
到了 再给 您 打 电话。
I will call you when I arrive.

服装店
At the Clothes Store

301. Wǒ suíbiàn kànkan.
我 随便 看看。
I'm just looking.

302. Nín yào zuò shénme yīfu?
您 要 做 什么 衣服?
What can I do for you?

303. Wǒ xiǎng zuò yí jiàn qípáo.
我 想 做 一件 旗袍。
I'd like to have a qipao made.

304. Zhè shì wǒ xiǎng yào de shìyàng.
这 是 我 想 要 的 式样。
This is the style I like.

305. Nín chuān qípáo yídìng hěn hǎokàn.
您 穿 旗袍 一定 很 好看。
You will certainly look beautiful in a qipao.

often pronounced as... nèi

306. Nǎ tiān néng shìchuān?
哪 天 能 试穿?
When can I come for a fitting?

购物 Shopping

307. Zhè shì shénme liàozi de?
这 是 什么 料子 的?
What is it made of?

308. Zhēnsī de.
真丝 的。
Silk.

309. Lánsè de hǎo háishi huángsè de hǎo?
蓝色 的 好 还是 黄色 的 好?
Which do you think is better, the blue one or the yellow one?

310. Lánsè de gèng shìhé nín.
蓝色 的 更 适合 您。
The blue one is more suitable for you.

311. Hǎoxiàng bú tài héshì.
好像 不太 合适。
It doesn't look right.

312. Hái yǒu bié de yánsè ma?
还 有 别 的 颜色 吗?
Do you have other colors?

服饰 Clothing

- qípáo 旗袍 qipao
- xuēzi 靴子 boots
- dàyī 大衣 overcoat
- chángkù 长裤 pants
- qúnzi 裙子 skirt
- xié 鞋 shoes

服装面料 Materials

chúnmián 纯棉 pure cotton	zhēnsī 真丝 silk	yàmá 亚麻 flax	hùnfǎng 混纺 blends	niúzǎibù 牛仔布 jean
chúnmáo 纯毛 pure wool	yángróng 羊绒 cashmere	huàxiān 化纤 synthetics	làrǎn 蜡染 batik	

313. Néng shìshi ma?
能 试试 吗?
Can I try it on?

314. Nín chuān shénme hào de?
您 穿 什么 号 的?
What size do you wear?

315. Zhōnghào de.
中号 的。
Medium size.

316. Shìyījiān zài nǎr?
试衣间 在 哪儿?
Where is the fitting room?

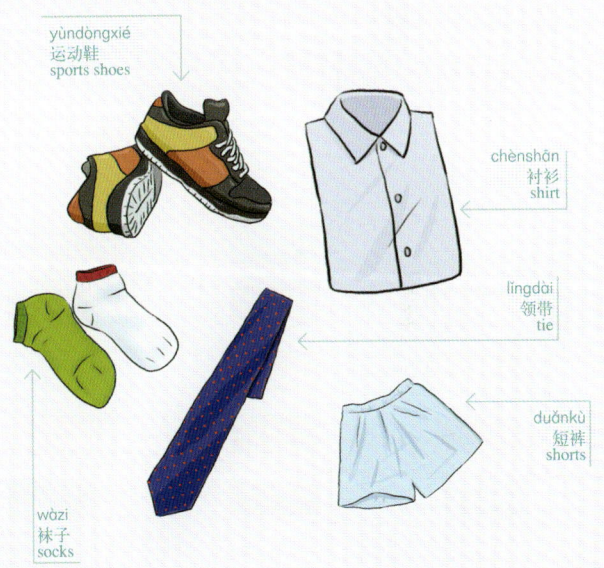

yùndòngxié
运动鞋
sports shoes

chènshān
衬衫
shirt

lǐngdài
领带
tie

duǎnkù
短裤
shorts

wàzi
袜子
socks

购物 Shopping

317. Kěxī yǒudiǎnr jǐn.
可惜 有点儿 紧。
What a shame! It's a little tight.

318. Yǒu dà yí hào de ma?
有 大一号 的 吗?
Do you have a larger one?

319. Duōshao qián?
多少 钱?
How much is it?

320. Tài guì le.
太 贵 了。
It's too expensive.

321. Néng dǎzhé ma?
能 打折 吗?
Is it possible to get a discount?

322. Zài piányi yìdiǎnr ba.
再 便宜 一点儿 吧。
Could you make it cheaper?

323. Nà jiù suànle ba.
那 就 算了 吧。
In that case, no thanks.

324. Wǒ zài xiǎngxiang.
我 再 想想。
Let me think it over.

颜色 Colors

bái 白 white	lǜ 绿 green	huī 灰 gray
fěn 粉 pink	zǐ 紫 purple	shēnlán 深蓝 dark blue
huáng 黄 yellow	chéng 橙 orange	qiǎnlán 浅蓝 light blue
hóng 红 red	zōng 棕 brown	méiguīhóng 玫瑰红 rose
lán 蓝 blue	hēi 黑 black	gǎnlǎnlǜ 橄榄绿 olive green

商场
At the Department Store

325. Wǒmen xiǎng mǎi yí ge xiǎo bīngxiāng.
我们 想 买 一个 小 冰箱。
We are looking for a small refrigerator.

326. Zhè jǐ zhǒng yǒu shénme bùtóng ne? (这 often pronounced as zhèi)
这 几 种 有 什么 不同 呢?
What's the difference between them?

327. Zhè zhǒng zàoyīn tèbié xiǎo.
这 种 噪音 特别 小。
This one doesn't make much noise.

328. Nǎ zhǒng zhìliàng hǎo? (哪 often pronounced as něi)
哪 种 质量 好?
Which is the best quality?

329. Zhìliàng dōu búcuò.
质量 都 不错。
All of them are good quality.

330. Nǎ zhǒng shì zuì xīn kuǎn de?
哪 种 是 最 新 款 的?
Which one is the latest model?

购物 Shopping

331.
Tā yǒu nǎxiē gōngnéng? (often pronounced as *něixiē*)
它 有 哪些 功能?
What are the functions of this one?

332.
Kěyǐ fàng DVD, CD hé VCD.
可以 放 DVD、CD 和 VCD。
You can play DVDs, CDs and VCDs with it.

333.
Hěn hǎowánr.
很 好玩儿。
It's very good fun.

334.
Shēngyīn tèbié hǎotīng.
声音 特别 好听。
The sound quality is excellent.

335.
Yào zhège. (often pronounced as *zhèige*)
要 这个。
I want this one.

336.
Bǎoxiū duō cháng shíjiān?
保修 多 长 时间?
How long is the warranty period?

337.
Sònghuò ma?
送货 吗?
Including delivery?

338.
Qǐng gàosu wǒ nín de dìzhǐ hé diànhuà.
请 告诉 我 您 的 地址 和 电话。
Could you please tell me your address and telephone number?

339.
Wǒ jīntiān méi dài nàme duō qián.
我 今天 没 带 那么 多 钱。
I don't have enough money right now.

340.
Néng shuā xìnyòngkǎ ma?
能 刷 信用卡 吗?
Can I use my credit card?

家电 Household appliances

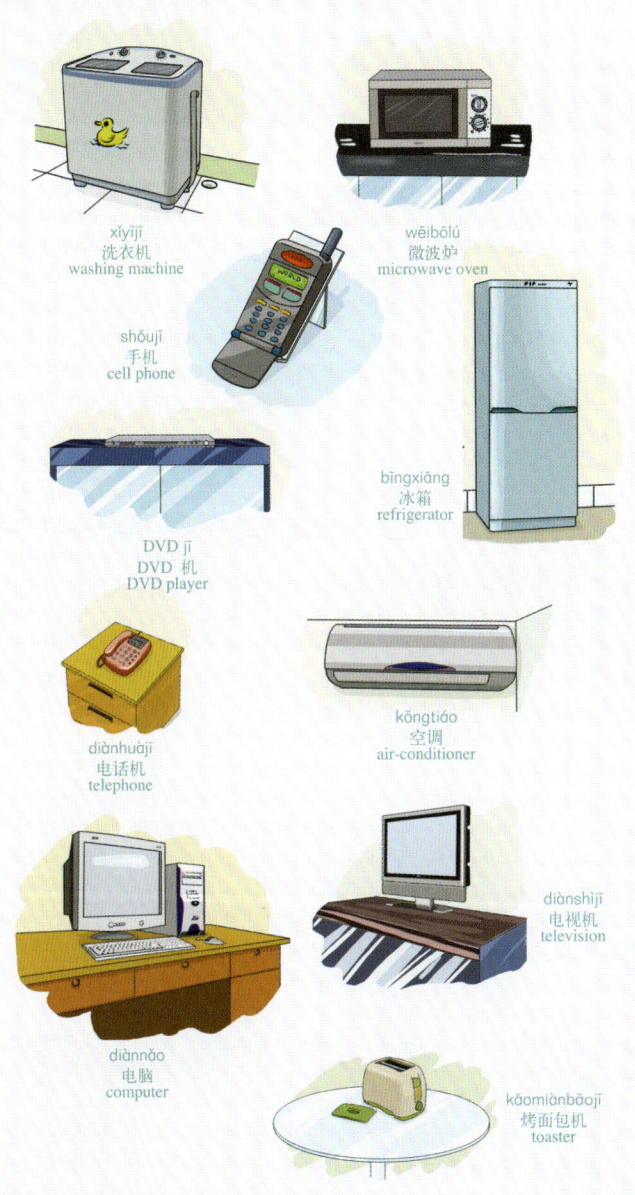

xǐyījī
洗衣机
washing machine

wēibōlú
微波炉
microwave oven

shǒujī
手机
cell phone

DVD jī
DVD 机
DVD player

bīngxiāng
冰箱
refrigerator

diànhuàjī
电话机
telephone

kōngtiáo
空调
air-conditioner

diànnǎo
电脑
computer

diànshìjī
电视机
television

kǎomiànbāojī
烤面包机
toaster

购物 Shopping

书店
At the Bookstore

341. Nǐ néngbunéng gěi wǒ tuījiàn yíxià?
你 能不能 给我 推荐 一下?
Could you please recommend one for me?

342. Shì nǎge chūbǎnshè de? *(often pronounced as něige)*
是 哪个 出版社 的?
Who published this book?

343. Shì shénme shíhou chūbǎn de?
是 什么 时候 出版 的?
When was it published?

344. Yào zhè běn dà de ba. *(often pronounced as zhèi)*
要 这 本 大 的 吧。
I'll take the big one.

形容词 Adjectives

dà 大 big

xiǎo 小 small

hòu 厚 thick

báo 薄 thin

64

kuān 宽 wide	zhǎi 窄 narrow
sōng 松 loose	jǐn 紧 tight
kuài 快 fast	màn 慢 slow
qīng 轻 light	zhòng 重 heavy
gāo 高 tall	ǎi 矮 short
guì 贵 expensive	piányi 便宜 cheap

出行
— "您去哪儿？"

Excursion
— "Where are you going?"

- 步行 Walking
- 乘公共汽车 Taking a Bus
- 乘出租车 Taking a Taxi
- 乘火车 Taking a Train
- 乘飞机 Taking a Plane
- 自驾车 Getting Around by Car
- 旅行社 At the Travel Agency
- 邮局 At the Post Office

步行
Walking

345. Qǐngwèn dìtiězhàn zěnme zǒu?
请问 地铁站 怎么 走?
Excuse me, how can I get to the subway station?

346. Yìzhí wǎng nán zǒu.
一直 往 南 走。
Go south.

347. Nǎbian shì nán a? *(often pronounced as nèibian)*
哪边 是 南 啊?
Which direction is south?

348. Zài qiánmian de lùkǒu wǎng zuǒ guǎi.
在 前面 的 路口 往 左 拐。
Turn left at the crossing ahead.

349. Lí zhèr duō yuǎn ne?
离这儿 多 远 呢?
How far is it from here?

350. Bú tài yuǎn.
不 太 远。
Not far.

351. Dàgài zǒu wǔ fēnzhōng jiù dào le.
大概 走 五 分钟 就 到 了。
It's only about a five-minute walk.

352. Nín yǒu shénme shì?
您 有 什么 事?
What's the matter?

353. Tā bìng le.
她 病 了。
She is sick.

354. Nà zěnme bàn ne?
那 怎么 办 呢?
What shall I do?

355. Wǒ xiǎng qù kànkan tā.
我 想 去 看看 她。
I want to go and see her.

356. Nín bié zháojí.
您 别 着急。
Don't worry.

357. Tā zhù nǎr?
她 住 哪儿?
Where does she live?

358. Tā zhùzài Dōngfāng Xiǎoqū.
她 住在 东方 小区。
She lives in Dongfang Housing.

359. Wǒ yīnggāi zuò shénme chē qù?
我 应该 坐 什么 车 去?
Which bus should I take to get there?

360. Nín děi qù mǎlù duìmiàn zuò chē.
您 得 去 马路 对面 坐 车。
You should catch the bus on the opposite side of the road.

361. Wǒ míngbai le.
我 明白 了。
I see.

乘公共汽车
Taking a Bus

362. Zhè chē dào Dōngfāng Xiǎoqū ma?
这 车 到 东方 小区 吗?
Excuse me, does this bus go to Dongfang Housing?

363. Nín shàngchē ba.
您 上车 吧。
Please get on.

364. Xià yí zhàn shì Wángfǔjǐng.
下 一 站 是 王府井▸
The next stop is Wangfujing.

365. Mǎi yì zhāng piào.
买 一 张 票。
One ticket, please.

366. Wǒ méi qùguo.
我 没 去过。
I haven't been there.

367. Dàole máfan nín gàosu wǒ.
到了 麻烦 您 告诉 我。
Please let me know when we get there.

Excursion 出行

景点 Scenic spots

Chángchéng 长城 the Great Wall	Běihǎi Gōngyuán 北海公园 Beihai Park	Zhíwùyuán 植物园 Botanic Gardens
Shísānlíng 十三陵 the Ming Tombs	Tiān'ānmén Guǎngchǎng 天安门广场 Tian'anmen Square	Yuánmíngyuán 圆明园 Yuanming Yuan
Gùgōng 故宫 the Imperial Palace	Tiāntán 天坛 the Temple of Heaven	
Yíhéyuán 颐和园 the Summer Palace	Xiāngshān 香山 Fragrant Hills	

368. Zhè chē bú dào dòngwùyuán.
这 车不到 动物园。
This bus doesn't go to the zoo.

369. Nín děi huànchē.
您 得 换车。
You'll have to change buses.

370. Zài nǎr huànchē?
在 哪儿 换车?
Where do I change?

often pronounced as yāo

371. Xià yí zhàn huàn yī bā yī lù.
下 一 站 换 181 路。
Please change to bus No. 181 at the next stop.

地点（1）Places (1)

diànyǐngyuàn
电影院
movie theater

dìtiězhàn
地铁站
subway station

yóujú
邮局
post office

乘出租车
Taking a Taxi

372.
Nín qù nǎr?
您 去 哪儿?
Where are you going?

373.
Wǒ bù zhīdào zhège dìfang.
我 不 知道 这个 地方。
I don't know this place.

(often pronounced as zhèige)

374.
Nǐ yǒu tāmen de dìzhǐ ma?
你 有 他们 的 地址 吗?
Do you have the address?

375.
Zài diànshìtái fùjìn.
在 电视台 附近。
It's near the TV station.

376.
Diànshìtái dào le.
电视台 到 了。
Here's the TV station.

377.
Jiù tíngzài ménkǒu ba!
就 停在 门口 吧!
Please stop at the entrance!

378.
Duì, jiùshì zhèr.
对, 就是 这儿。
Yes, here it is.

379. Shīfu, qù jīchǎng.
师傅，去 机场。
Driver, to the airport, please.

380. Nín néngbunéng zài kuài yìdiǎnr?
您 能不能 再 快 一点儿？
Could you go a little faster?

381. Wǒ yào gǎn fēijī.
我 要 赶 飞机。
I have a plane to catch.

382. Hái yǒu bié de lù ma?
还 有 别 的 路 吗？
Is there another route we can take?

383. Wǒmen zǒu jīchǎng gāosù.
我们 走 机场 高速。
We can try the expressway to the airport.

384. Xíng, jiù zhèyàng ba.
行，就 这样 吧。
OK, let's go that way.

often pronounced as ...... zhèiyàng

地点（2） Places (2)

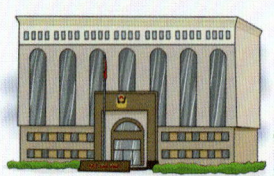

gōngyuán
公园
park

gōng'ānjú
公安局
public security bureau

huǒchēzhàn
火车站
railway station

tǐyùguǎn
体育馆
stadium

乘火车
Taking a Train

385.
Yǒu méiyǒu shíyī hào dào Shànghǎi de piào?
有 没有 11 号 到 上海 的 票?
Do you have tickets on the 11th to Shanghai?

386.
Shíyī hào de piào màiwán le.
11 号 的 票 卖完 了。
Tickets on the 11th are sold out.

387.
Lùshang xiǎoxīn.
路上 小心。
Take care. / Have a safe trip.

388.
Dàole gěi wǒmen dǎ diànhuà.
到了 给 我们 打 电话。
Give us a call when you get there.

389.
Wǒ huì de.
我 会 的。
I will.

390.
Huǒchē jiùyào kāi le.
火车 就要 开 了。
The train is about to leave.

391.
Nǐmen kuài xiàqu ba.
你们 快 下去 吧。
You'd better get off quickly.

392.
Yílù-píng'ān!
一路平安!
Have a good journey!

393.
Qǐngwèn cānchē zài jǐ hào chēxiāng?
请问 餐车 在 几 号 车厢?
Could you tell me where the dining car is?

73

乘飞机
Taking a Plane

394. Wǒ xiǎng dìng qù Xī'ān de wǎngfǎnpiào.
我 想 订 去 西安 的 往返票。
I'd like to book a round trip ticket to Xi'an.

395. Yǒu dǎzhé piào ma?
有 打折 票 吗?
Do you have discount tickets available?

396. Xíngli tuōyùn ma?
行李 托运 吗?
Do you have any luggage to check in?

397. Nín de xíngli chāozhòng le.
您 的 行李 超重 了。
Your luggage has exceeded the weight limit.

398. Kěyǐ gěi wǒ yí ge kào chuāng de zuòwèi ma?
可以 给 我 一个 靠 窗 的 座位 吗?
Can I have a window seat?

399. Gěi nín dēngjīpái.
给 您 登机牌。
Here's your boarding pass.

400. Qǐng zài sì hào dēngjīkǒu dēngjī.
请 在 4号 登机口 登机。
Please board at Gate 4.

401. Wǒ zhǎobudào xíngli le.
我 找不到 行李 了。
I can't find my luggage.

自驾车
Getting Around by Car

402.
Wǒmen qù lǚxíng ba.
我们 去 旅行 吧。
Let's take a trip somewhere.

403.
Wǒ kěyǐ yòng nǐ de chē ma?
我 可以 用 你 的 车 吗?
May I use your car?

404.
Zhè liǎng tiān yìzhí xiàyǔ. (often pronounced as zhèi)
这 两 天 一直 下雨。
It has been raining for the last couple of days.

405.
Zuìjìn tiānqì zhēn bù hǎo.
最近 天气 真 不 好。
The weather has been terrible recently.

406.
Dànyuàn zhōumò shì ge hǎo tiānqì.
但愿 周末 是 个 好 天气。
Hopefully we will have good weather this weekend.

407.
Tiānqì yùbào shuō míngtiān qíngtiān.
天气预报 说 明天 晴天。
The weather forecast says tomorrow will be fine.

出行 Excursion

408.
Wǎnshang kěnéng xiàyǔ.
晚上 可能 下雨。
It might rain in the evening.

409.
Bú huì ba?
不会吧?
Really?

410.
Nǐ dài yǔsǎn le ma?
你带雨伞了吗?
Do you have an umbrella with you?

411.
Tiānqì yuè lái yuè rè le.
天气越来越热了。
It's getting hotter and hotter.

412.
Zhōumò yǒu shénme jìhuà?
周末有什么计划?
Do you have any plans for the weekend?

413.
Wǒmen xiǎng kāichē qù Chángchéng wánwan.
我们想开车去长城玩玩。
We're planning to drive to the Great Wall.

414.
Nǐ gēn wǒmen yíkuàir qù ba.
你跟我们一块儿去吧。
Would you come with us?

415.
Xūyào wǒ zuò shénme ma?
需要我做什么吗?
Is there anything I can do for you?

天气 Weather

qíngtiān 晴天 sunny	yīntiān 阴天 overcast	guāfēng 刮风 windy	xiàxuě 下雪 snowy
duōyún 多云 cloudy	xiàyǔ 下雨 rainy	bàoyǔ 暴雨 stormy	léizhènyǔ 雷阵雨 thunderstorm

416. Zánmen shénme shíhou chūfā?
咱们什么时候出发?
What time shall we set out?

417. Xīngqīliù zǎoshang liù diǎn zài dàménkǒu jiànmiàn.
星期六 早上 6 点 在 大门口 见面。
Let's meet at the main gate at 6:00 am on Saturday morning.

418. Zhèr de fēngjǐng tài měi le!
这儿的风景太美了!
The scenery here is so beautiful!

419. Hǎoxiàng kuài méi yóu le.
好像快没油了。
It seems we are running low on gas.

420. Kuài kàn dìtú!
快看地图!
Hurry, let's look at the map!

421. Xià yí ge fúwùqū hái yǒu duō yuǎn?
下一个服务区还有多远?
How far away is the next service center?

422. Tiān kuài hēi le.
天快黑了。
It's getting dark.

423. Zhǎobudào jiāyóuzhàn jiù máfan le.
找不到加油站就麻烦了。
We'll be in trouble if we can't find a gas station.

424. Dōu guài wǒ.
都怪我。
It's my fault!

425. Zhèr kěyǐ tíngchē ma?
这儿可以停车吗?
Can I park here?

旅行社
At the Travel Agency

426. Yǒu méiyǒu qù Yúnnán de xiànlù?
有 没有 去 云南 的 线路?
Do you have a tour to Yunnan?

427. Wǒ xiǎng kànkan xíngchéng ānpái.
我 想 看看 行程 安排。
Can I see the schedules?

428. Nǐmen yídìng bú huì shīwàng de.
你们 一定 不会 失望 的。
You won't be disappointed.

429. Wǒmen yǐqián qùguo.
我们 以前 去过。
We've been there before.

430. Bù xīwàng shíjiān ānpái de tài jǐn.
不 希望 时间 安排 得太 紧。
We don't want a tight schedule.

431. Xiǎng qù fàngsōng fàngsōng.
想 去 放松 放松。
We just want to relax there.

432. Wǒ xiànzài hái bù néng juédìng.
我 现在 还 不 能 决定。
I can't decide right now.

433. Wǒ xiān huíqu gēn tàitai shāngliang yíxià.
我 先 回去 跟 太太 商量 一下。
I'll go back and discuss it with my wife first.

邮局
At the Post Office

434. Wǒ xiǎng jì bāoguǒ.
我 想 寄 包裹。
I'd like to send this parcel.

435. Shì zài zhèr mǎi zhǐxiāngzi ma?
是 在 这儿 买 纸箱子 吗?
Can I buy a cardboard box here?

436. Dōu shì yìxiē sòng péngyou de xiǎo lǐwù.
都 是 一些 送 朋友 的 小 礼物。
Just some small gifts for a friend.

437. Jìdào Jiānádà.
寄到 加拿大。
To Canada.

438. Hángkōng de duōshao qián?
航空 的 多少 钱?
How much is it by air?

439. Duō cháng shíjiān néng dào?
多 长 时间 能 到?
How long does it take for the parcel to arrive?

440. Zuìshǎo sān ge yuè.
最少 三 个 月。
At least 3 months.

441.
Hái yǒu bié de bànfǎ ma?
还 有 别 的 办法 吗?
Is there any other way to do it?

442.
Nǐ wènwen kuàidì gōngsī.
你 问问 快递 公司。
You could ask courier companies.

443.
Tāmen de jiàgé yě bù piányi.
他们 的 价格 也 不 便宜。
They are not cheap either.

444.
Nín wàngle xiě yóuzhèng biānmǎ le.
您 忘了 写 邮政 编码 了。
You've forgotten to fill in your zip code here.

445.
often pronounced as zhèixiē
Zhèxiē Chángchéng de míngxìnpiàn
这些 长城 的 明信片
hěn búcuò.
很 不错。
These postcards of the Great Wall are very good.

446.
Wǒ gèng xǐhuan zhèxiē.
我 更 喜欢 这些。
I like these more.

447.
Wǒmen xiǎng kànkan zhèxiē míngxìnpiàn.
我们 想 看看 这些 明信片。
Can we look at the postcards?

448.
Dān mǎi kěyǐ ma?
单 买 可以 吗?
Do you sell them separately?

449.
often pronounced as zhèi
Wǒ xiǎng yào zhè jǐ zhāng.
我 想 要 这 几 张。
I'd like these.

450.
Wǒ yào liǎng tào zhè zhǒng de.
我 要 两 套 这 种 的。
I'll take two sets of these, please.

451.
Jì jǐ zhāng míngxìnpiàn.
寄 几 张 明信片。
I'd like to send a few postcards.

452. Jìdào nǎr?
寄到 哪儿?
Where are you sending these to?

453. Yì zhāng shì jìdào Měiguó de.
一 张 是 寄到 美国 的。
One to the USA.

454. Nǐ míngbai wǒ de yìsi ma?
你 明白 我 的意思吗?
Do you understand me?

国家 Nations

Àodàlìyà
澳大利亚
Australia

Bāxī
巴西
Brazil

Jiānádà
加拿大
Canada

Zhōngguó
中国
China

Fǎguó
法国
France

Déguó
德国
Germany

Xīlà
希腊
Greece

Yìdàlì
意大利
Italy

Rìběn
日本
Japan

Xīnxīlán
新西兰
New Zealand

Xīnjiāpō
新加坡
Singapore

Nánfēi
南非
South Africa

Hánguó
韩国
South Korea

Yīngguó
英国
The UK

Měiguó
美国
The USA

住 宿

—"我订一个标准间。"

Accommodation

- 宾馆 At the Hotel
- 理发美容 Getting a Haircut or Facial
- 找房 Looking for an Apartment
- 租房 Renting an Apartment
- 搬家 Moving

宾馆
At the Hotel

455. Zhèli shì Píng'ān Bīnguǎn.
这里 是 平安 宾馆。
This is the Ping'an Hotel.

456. Wǒ xiǎng dìng yí ge fángjiān.
我 想 订 一个 房间。
I'd like to book a room.

457. Nǐ néng xiān shuō yíxià jiàgé ma?
你 能 先 说 一下 价格 吗?
Could you tell me the room rates first?

458. Měitiān sānbǎi yuán.
每天 300 元。
300 yuan per night.

459. Bāokuò zǎocān ma?
包括 早餐 吗?
Including breakfast?

460. Bù bāokuò.
不 包括。
No, that's not included.

461. Kěyǐ zìjǐ zuòfàn.
可以 自己 做饭。
You can cook for yourself.

462. Fángjiān li yǒu kōngtiáo ma?
房间 里 有 空调 吗?
Is there an air-conditioner in the room?

住宿 Accommodation

463. Wǒ dìng yí ge biāozhǔnjiān.
我 订 一个 标准间。
I'd like a standard room.

464. Nín dìng nǎ tiān de?
您 订 哪 天 的?
When are you checking in?
often pronounced as ····· něi

465. Shí'èr hào shàngwǔ dào, shíwǔ hào zǎoshang líkāi.
12 号 上午 到, 15 号 早上 离开。
I'm checking in on the morning of the 12th and checking out on the morning of the 15th.

466. Qǐng nín bǎ zhèngjiàn gěi wǒ kàn yíxià.
请 您 把 证件▾ 给 我 看 一下。
Could I see your ID card?

467. Nín de fángjiān zài yī líng èr èr.
您 的 房间 在 1022。
Your room number is 1022.
often pronounced as ····· yāo

468. Zhè shì nín de fángkǎ.
这 是 您 的 房卡。
This is your key.

469. Diàntī zài yòubian.
电梯 在 右边。
The elevator is on the right.

470. Wèi, qiántái ma?
喂, 前台 吗?
Hello, is this reception?
often pronounced as ····· wéi

票证 Tickets and ID cards

shēnfènzhèng
身份证
identity card

hùzhào
护照
passport

xuéshēngzhèng
学生证
student card

jiàshǐ zhízhào
驾驶执照
driving license

qìchēpiào
汽车票
bus ticket

dìtiěpiào
地铁票
subway ticket

huǒchēpiào
火车票
train ticket

fēijīpiào
飞机票
flight ticket

diànyǐngpiào
电影票
movie ticket

84

471. Qǐngwèn nín xūyào shénme fúwù?
请问 您 需要 什么 服务?
What can I do for you?

472. Wǒ shì yī qī líng bā fángjiān de kèrén. (often pronounced as yāo)
我 是 1708 房间 的 客人。
I'm in room 1708.

473. Wǒ de fángjiān yǒudiǎnr wèntí.
我 的 房间 有点儿 问题。
My room has some problems.

474. Zěnme méiyǒu rèshuǐ?
怎么 没有 热水?
Why isn't there any hot water?

475. Néngbunéng gěi wǒ huàn ge fángjiān?
能不能 给我 换 个 房间?
Can I change to another room?

476. Wǒmen de fángjiān yǐjing zhùmǎn le.
我们 的 房间 已经 住满 了。
All our rooms are full.

477. Suàn le.
算 了。
Forget it.

478. Nín kàn zhèyàng xíng ma? (often pronounced as zhèiyàng)
您 看 这样 行 吗?
Is that OK with you?

479. Wǒ yào tuì fáng.
我 要 退 房。
I'd like to check out.

480. Qǐngwèn nín shì jǐ hào fángjiān?
请问 您 是 几号 房间?
May I have your room number, please?

481. Nín dǎle liǎng ge chángtú diànhuà.
您 打了 两 个 长途 电话。
You made two long-distance calls.

理发美容
Getting a Haircut or Facial

482.
Xiānsheng, nín lǐfà ma?
先生，您理发吗?
Sir, do you need a haircut?

483.
Wǒ xiǎng jiǎn duǎn yìdiǎnr.
我 想 剪 短 一点儿。
I'd just like a trim.

484.
Háishi yào yuánlái de fàxíng ma?
还是 要 原来的 发型 吗?
Exactly the same style as before?

485.
Wánquán yíyàng.
完全 一样。
Exactly.

486.
Nín kàn zěnmeyàng?
您 看 怎么样?
What do you think?

487.
Wǒ hěn mǎnyì.
我 很 满意。
I'm very satisfied.

488.
Wǒ shì dì-yīcì lái.
我 是 第一次 来。
It's my first time here.

489.
Wǒ xiǎng zuò ge ànmó.
我 想 做 个 按摩。
I want to have a massage.

找房
Looking for an Apartment

490. Wǒ jiā lí gōngsī tài yuǎn.
我 家 离 公司 太 远。
My apartment is too far from my office.

491. Lèisǐ wǒ le!
累死 我 了!
I'm dead tired!

492. Bàozhǐ shang de guǎnggào hěn duō.
报纸 上 的 广告 很 多。
There are many advertisements in the newspapers.

493. Wǒ méi shíjiān kàn.
我 没 时间 看。
I don't have time to read them.

···often pronounced as··· zhèi

494. Zhè jiā zhōngjiè gōngsī tǐng zhuānyè de.
这 家 中介 公司 挺 专业 的。
This rental agency is very professional.

报纸 Newspapers

wǎnbào 晚报 evening paper	diànshìbào 电视报 TV guide	Běijīng Zhōubào 《北京周报》 *Beijing Review*
rìbào 日报 daily	Rénmín Rìbào 《人民日报》 *People's Daily*	Běijīng Wǎnbào 《北京晚报》 *Beijing Evening News*
zhōubào 周报 weekly	Zhōngguó Rìbào 《中国日报》 *China Daily*	Xīnmín Wǎnbào 《新民晚报》 *Xinmin Evening News*

住宿 / Accommodation

495.
Wǒ xiǎng zhǎo rén hézū.
我 想 找 人 合租。
I want to find someone to share the rent.

496.
Shàngwǎng chácha?
上网 查查?
How about looking online?

497.
Zhège zhǔyi búcuò!
这个 主意 不错!
Good idea!
(often pronounced as zhèige / zhúyi)

498.
Dào shíhou wǒ qù bāng nǐ bānjiā.
到 时候 我 去 帮 你 搬家。
I can give you a hand moving.

499.
Wǒ xiǎng zū fáng.
我 想 租房。
I'd like to rent an apartment.

500.
Nín xiǎng zū nǎr de fángzi?
您 想 租哪儿的 房子?
Which location do you have in mind?

501.
Nín xiǎng zhǎo shénmeyàng de fángzi?
您 想 找 什么样 的 房子?
What kind of apartment do you have in mind?

502.
Dài jiājù de liǎng jū.
带 家具 的 两 居。
A furnished, two-bedroom apartment.

503.
Fángzi bú yào tài jiù.
房子 不要 太 旧。
I don't want an old apartment.

504.
Nín xiǎng huā duōshao qián zū?
您 想 花 多少 钱 租?
What's your budget?

505.
Yuèzū liǎngqiān yǐnèi ba.
月租 2000 以内 吧。
Less than 2,000 yuan per month.

家具 Furniture

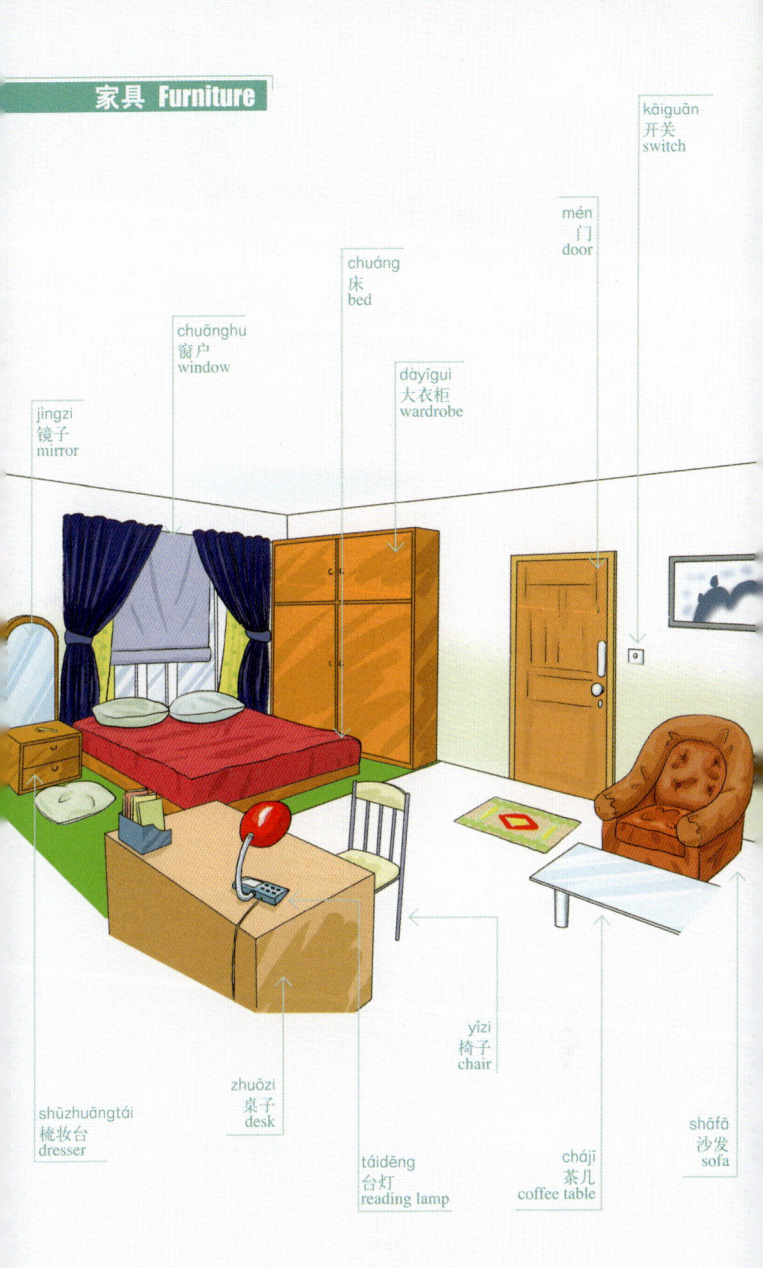

- kāiguān 开关 switch
- mén 门 door
- chuáng 床 bed
- chuānghu 窗户 window
- dàyīguì 大衣柜 wardrobe
- jìngzi 镜子 mirror
- yǐzi 椅子 chair
- shūzhuāngtái 梳妆台 dresser
- zhuōzi 桌子 desk
- táidēng 台灯 reading lamp
- chájī 茶几 coffee table
- shāfā 沙发 sofa

89

住宿 / Accommodation

506.
Wǒ děi xiān liánxì yíxià fángdōng.
我 得 先 联系 一下 房东。
I'll have to contact the landlord first.

507.
Nín suíbiàn kàn.
您 随便 看。
Just go ahead and have a look.

508.
Nín kàn zhè fáng zěnmeyàng?
您 看 这 房 怎么样?
What do you think of the apartment?

509. (often pronounced as zhèige)
Zhège fángzi xiǎole diǎnr.
这个 房子 小了 点儿。
This apartment is a little bit small.

510.
Liǎng ge fángjiān dōu bǐ kètīng dà.
两 个 房间 都 比 客厅 大。
The two bedrooms are bigger than the living room.

511. (often pronounced as zhèige)
Zhège fángjiān tài chǎo le.
这个 房间 太 吵 了。
This room is too noisy.

512.
Chūmén bǐjiào fāngbiàn.
出门 比较 方便。
You'll have easy access to many places.

513.
Kěyǐ kànkan chúfáng ma?
可以 看看 厨房 吗?
Can I see the kitchen?

514.
Bú tài héshì.
不 太 合适。
I don't think it is suitable for me.

515.
Háishi bù mǎnyì.
还是 不 满意。
That's disappointing!

516.
Máfan nǐ zài bāng wǒ zhǎozhao.
麻烦 你 再 帮 我 找找。
Could you look for some other apartments for me?

租房
Renting an Apartment

517. Duìmiàn shì ge gōngyuán.
对面 是 个 公园。
There is a park opposite the apartment.

518. Hěn ānjìng.
很 安静。
It's really quiet.

519. Shuǐdiànfèi hé méiqìfèi zěnme jiāo?
水电费 和 煤气费 怎么 交?
How do I pay the water, electricity and gas?

520. Néng shàngwǎng ma?
能 上网 吗?
Can I go online here?

521. Fángzū duōshao qián?
房租 多少 钱?
How much is the rent?

522. Yìqiān jiǔbǎi yuán yí ge yuè.
1900 元 一个月。
It's 1,900 yuan per month.

住宿 Accommodation

523. Hǎo, wǒ jiù zū zhè tào fángzi le. (often pronounced as zhèi)
好，我就租这套房子了。
OK, I'll take this apartment.

524. Wǒmen shénme shíhou qiān hétong?
我们什么时候签合同？
When shall we sign the contract?

525. Zhè shì hétong, nín kàn yíxià.
这是合同，您看一下。
This is the contract. Have a look at it, please.

526. Hái yǒu shénme wèntí ma?
还有什么问题吗？
Any other questions?

527. Yǒu shì suíshí gēn wǒ liánxì.
有事随时跟我联系。
Please contact me if you have any questions.

528. Nǐ yǒu wǒ de shǒujī hàomǎ ma?
你有我的手机号码吗？
Do you have my cell phone number?

529. Wǒ yìbān wǎnshang zàijiā.
我一般晚上在家。
I'm usually at home in the evenings.

530. Bā diǎn yǐhòu.
8点以后。
After 8 o'clock.

531. Zhè shì sān ge yuè de fángzū.
这是3个月的房租。
Here is the rent for 3 months.

532. Qǐng gěi wǒ kāi ge shōujù.
请给我开个收据。
Can I get a receipt?

搬家
Moving

533.
Wǒ yào dìng yí liàng chē.
我 要 订 一 辆 车。
I'd like to book a van.

534.
Nín nǎ tiān yòng chē? *(哪 often pronounced as něi)*
您 哪 天 用 车？
Which day do you need the van?

535.
Nín zhù jǐ céng?
您 住 几 层？
Which floor?

536.
Yǒu diàntī ma?
有 电梯 吗？
Is there an elevator?

537.
Nín de dōngxi duō ma?
您 的 东西 多 吗？
Do you have lots of stuff?

538.
Nín néng pài jǐ ge rén lái?
您 能 派 几 个 人 来？
How many people can you send?

539.
Bǎ guìzhòng wùpǐn shōuhǎo.
把 贵重 物品 收好。
Put your valuables in a safe place, please.

理 财
— "现在的汇率是多少？"

Managing Money
— "What's the exchange rate?"

- 存/取钱 Depositing / Withdrawing Money

- 兑换 Exchanging Money

- 交费 Paying Bills

- 汇款 Transferring Money

- 刷信用卡 Using a Credit Card

- 挂失 Reporting a Loss

存/取钱
Depositing / Withdrawing Money

540. Qǐng nín xiān ná hào, zài qù nàbian děnghòu.
请 您 先 拿 号,再 去 那边 等候。
(那边 often pronounced as nèibian)
Please take a number and wait over there.

541. Wǒ xiǎng cún sānqiān yuán.
我 想 存 3000 元。
I'd like to deposit 3,000 yuan.

542. Qǐng nín tián yíxià zhè zhāng cúnkuǎndān.
请 您 填 一下 这 张 存款单。
(这 often pronounced as zhèi)
Could you fill out this deposit slip, please?

543. Nín dài shēnfènzhèng le ma?
您 带 身份证 了 吗?
Do you have your ID card with you?

544. Zhè shì wǒ de hùzhào.
这 是 我 的 护照。
This is my passport.

545. Qǐng shūrù mìmǎ.
请 输入 密码。
Please enter your PIN number.

Managing Money 理财

546.
Mìmǎ shì jǐ wèi shùzì?
密码 是 几 位 数字?
How many digits does the PIN number have?

547.
Qǐng zài yòuxiàjiǎo qiānzì.
请 在 右下角 签字。
Please sign at the bottom right.

548.
Zhège qǔkuǎnjī zěnme huí shì?
这个 取款机 怎么 回 事?
What's the matter with this ATM?
(这个 often pronounced as zhèige)

549.
Qíguài!
奇怪!
This is weird!

550.
Zhè zěnme kěnéng ne?
这 怎么 可能 呢?
How can that be?

551.
Zhēn máfan!
真 麻烦!
What a hassle!

552.
Mǎshàng jiù hǎo.
马上 就 好。
It will be OK in a minute.

553.
Nǐ de mìmǎ bú duì.
你 的 密码 不 对。
Your PIN number is incorrect.

554.
Qǐng zài shū yí biàn.
请 再 输 一 遍。
Please enter your PIN number again.

555.
Wǒ tài zháojí le.
我 太 着急 了。
I'm in a rush.

兑换
Exchanging Money

556.
Nín yào bànlǐ shénme yèwù?
您 要 办理 什么 业务?
What can I do for you?

557.
Zhèr kěyǐ huàn qián ma?
这儿可以 换 钱 吗?
Can I exchange some money here?

558.
Nín yòng xiànjīn háishi zhīpiào?
您 用 现金 还是 支票?
Do you want cash or a check?

559.
Nín huàn duōshao?
您 换 多少?
How much would you like to exchange?

560.
Xiànzài de huìlǜ shì duōshao?
现在 的 汇率 是 多少?
What's the exchange rate?

561.
Yī bǐ bā diǎn líng sān.
1 比 8.03。
(The exchange rate is) 1 to 8.03.

Managing Money 理财

562. Yìbǎi měiyuán huàn bābǎi líng sān yuán rénmínbì.
100 美元 换 803 元人民币。
You can exchange 100 US dollars for 803 yuan.

563. Měiyuán yòu diē le.
美元 又 跌了。
The US dollar has dropped again.

564. Yàoshi shàng ge xīngqī huàn jiù hǎo le.
要是 上 个 星期 换 就 好了。
I should have exchanged money last week.

565. Qíshí yě chàbuliǎo duōshǎo.
其实 也 差不了 多少。
Actually, it doesn't make much difference.

566. Zhēn hòuhuǐ.
真 后悔。
I really regret it.

> **Fortune Cookies**
>
> In banks, you are required to fill out a foreign currency exchange slip when you exchange RMB for foreign currency or vice versa.

交费
Paying Bills

567. Xiànzài jǐ diǎn le?
现在 几点 了?
What time is it now?

568. Kuàiyào xiàbān le.
快要 下班 了。
Almost time to get off work.

569. Wǒ wàngle yí jiàn shì.
我 忘了 一件 事。
I forgot something.

570. Wǒ de diànhuàfèi hái méi jiāo.
我 的 电话费 还 没 交。
I haven't paid my phone bill.

571. Láibují le.
来不及 了。
It's too late.

572. Wǒ zhēn hútu!
我 真 糊涂!
How stupid of me!

理财 Managing Money

573. Yínháng yìbān wǔ diǎn guānmén.
银行 一般 5 点 关门。
Banks usually close at 5:00 pm.

574. Zhè shì guīdìng.
这 是 规定。
This is a rule.

575. Yínháng zhōumò bù xiūxi ba?
银行 周末 不 休息吧？
Banks are open on weekends, aren't they?

576. Zǎoshang jiǔ diǎn kāimén.
早上 9 点 开门。
They open at 9:00 am.

577. Míngtiān zǎoshang wǒ jiù qù jiāofèi.
明天 早上 我 就 去 交费。
I'll go and pay the fee tomorrow morning.

578. Zhèli kěyǐ jiāo diànhuàfèi ma?
这里 可以 交 电话费 吗？
Can I pay my phone bill here?

579. Wǒ jiāo yíxià diànhuàfèi.
我 交 一下 电话费。
I'd like to pay my phone bill.

时间（2） Time (2)

zhōngwǔ shí'èr diǎn
中午十二点
twelve, noon

xiàwǔ yì diǎn bàn
下午一点半
half past one in the afternoon

liǎng diǎn líng wǔ fēn
两点零五分
five past two

sān diǎn yí kè
三点一刻
a quarter past three

sì diǎn èrshíwǔ
四点二十五
four twenty-five

qī diǎn chà shí fēn
七点差十分
ten to seven

língchén sān diǎn sìshíwǔ
凌晨三点四十五
three forty-five in the morning

汇款
Transferring Money

580. Wǒ xiǎng wèn yíxià.
我 想 问 一下。
Excuse me.

581. Zhèr kěyǐ bànlǐ huìkuǎn ma?
这儿 可以 办理 汇款 吗?
Can I transfer some money here?

582. Nín yǒu duìfāng de zhànghào ma?
您 有 对方 的 账号 吗?
Do you have the recipient's account number?

583. Shí fēnzhōng zuǒyòu néng dào zhàng.
10 分钟 左右 能 到账。
It'll take only 10 minutes for the money to arrive.

584. Shǒuxùfèi shì duōshao?
手续费 是 多少?
How much is the handling fee?

585. Měi bǐ zuì gāo shōufèi wǔshí yuán.
每 笔 最 高 收费 50 元。
A maximum of 50 yuan for one transfer.

586. Cóng zhè zhāng kǎ li qǔ wǔqiān yuán.
从 这 张 卡里取 5000 元。
I'd like to withdraw 5,000 yuan from this card.
(这 often pronounced as zhèi)

587. Huìdào zhège zhànghào.
汇到 这个 账号。
To this account number.
(这个 often pronounced as zhèige)

101

刷信用卡
Using a Credit Card

588. Duìbuqǐ, wǒmen zhèli bù néng yòng zhè zhǒng kǎ.
对不起，我们这里不能用这种卡。
often pronounced as zhèi
Sorry, we don't take this kind of card.

589. Wǒ de xiànjīn bú gòu le.
我的现金不够了。
I don't have enough cash.

590. Yòng wǒ de kǎ ba.
用我的卡吧。
You can use my card.

591. Wǒ míngtiān jiù huán nǐ qián.
我明天就还你钱。
I'll return your money tomorrow.

592. Bù zháojí.
不着急。
Don't worry about it.

593. Duōkuī nǐ péi wǒ yìqǐ lái.
多亏你陪我一起来。
It's a good thing you came with me.

挂失
Reporting a Loss

594. Wǒ de xìnyòngkǎ zhǎobudào le.
我 的 信用卡 找不到 了。
I can't find my credit card.

595. Wǒ de bāo diū le.
我 的 包 丢了。
I've lost my bag.

596. Xìnghǎo wǒ de shēnfènzhèng méi diū.
幸好 我的 身份证 没丢。
Fortunately, I didn't lose my ID card.

597. Kǎ shang dàgài yǒu duōshao qián?
卡 上 大概 有 多少 钱?
Approximately how much money do you have in your account?

598. Yí ge xīngqī yǐhòu lái qǔ.
一个 星期 以后 来 取。
Please come and pick it up in a week.

看 病
—"你哪儿不舒服?"

Seeing a Doctor
—"Is anything wrong?"

- 挂号 Registration
- 就诊 Consulting the Doctor
- 治疗 Getting Treatment
- 药店 At the Pharmacy
- 急诊 At the Emergency Ward
- 交费取药 Paying for Treatment
- 探病 Visiting a Friend in the Hospital
- 中医 Traditional Chinese Medicine

挂号
Registration

599. 你 得 去 看 医生。
Nǐ děi qù kàn yīshēng.
You should see a doctor.

600. 你 能 陪 我 去 医院 吗?
Nǐ néng péi wǒ qù yīyuàn ma?
Will you come to the hospital with me?

601. 在 哪儿 挂号?
Zài nǎr guàhào?
Where shall I register?

602. 挂 一个 专家号。
Guà yí ge zhuānjiāhào.
I'd like to see a specialist, please.

> **Fortune Cookies**
>
> Most Chinese hospitals are comprehensive and include many different departments, including internal medicine, gynaecology and obstetrics, pediatrics, etc.

就诊
Consulting the Doctor

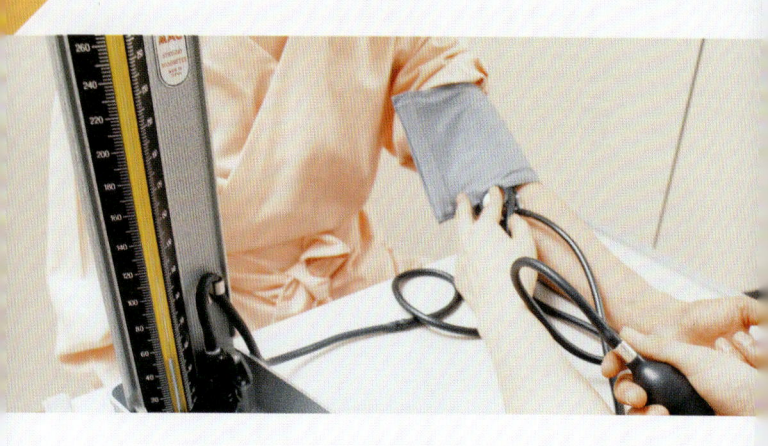

603. Xiān liáng yíxià tǐwēn.
先 量 一下 体温。
First, let me take your temperature.

604. Sānshíbā dù.
38 度。
38℃.

605. Wǒ bù shūfu.
我 不 舒服。
I don't feel well.

606. Nǐ nǎr bù shūfu?
你 哪儿 不 舒服？
Is anything wrong?

607. Wǒ lādùzi.
我 拉肚子。
I have diarrhea.

608. Wǒ xuèyā gāo.
我 血压 高。
I have high blood pressure.

609. Wǒ fāshāo le, hái tóuténg.
我 发烧 了，还 头疼。
I have a fever and a headache.

610. Wǒ gǎnmào le.
我 感冒 了。
I've caught a cold.

611. Shénme shíhou kāishǐ de?
什么 时候 开始 的?
When did it start?

612. Hái yǒu nǎr bù shūfu?
还 有 哪儿 不 舒服?
Do you have any other symptoms?

613. Bù xiǎng chī dōngxi.
不 想 吃 东西。
I've lost my appetite.

614. Húnshēn méi lìqi.
浑身 没 力气。
I feel weak.

615. Kěnéng shì shòuliáng le.
可能 是 受凉 了。
You may have caught a cold.

616. Bú tài lìhai.
不 太 厉害。
It's not serious.

617. Yīnggāi méi shénme dà wèntí.
应该 没 什么 大 问题。
It shouldn't be anything serious.

治疗
Getting Treatment

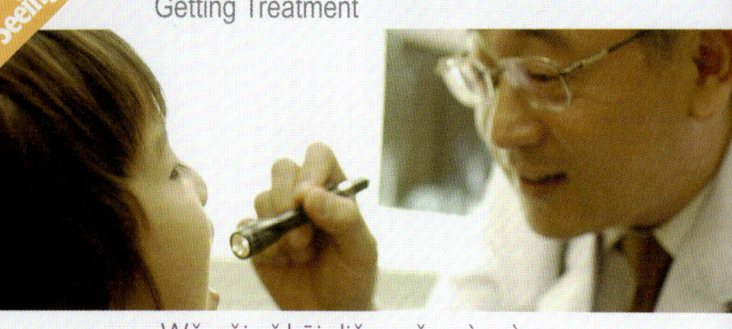

618.
Wǒ gěi nǐ kāi diǎnr gǎnmàoyào.
我 给 你 开点儿 感冒药。
I'll give you some tablets for the cold.

619.
Měitiān chī jǐ cì?
每天 吃 几次?
How often should I take it?

620.
Yì tiān sān cì, měi cì yí piàn.
一天 三 次,每次 一 片。
Three times a day, one tablet each time.

621.
Fàn qián fú háishi fàn hòu fú?
饭 前 服 还是 饭 后 服?
Before or after meals?

622.
Yào chī jǐ tiān?
要 吃 几 天?
How many days do I need to take it for?

623.
Duō hē shuǐ, hǎohǎo xiūxi.
多 喝 水,好好 休息。
Drink plenty of water and have a good rest.
(好好 often pronounced as hǎohāor)

624.
Wǒ duì hǎixiān guòmǐn.
我 对 海鲜 过敏。
I'm allergic to seafood.

625.
Kěnéng jiùshi zhège yuányīn.
可能 就是 这个 原因。
That could be it.
(这个 often pronounced as zhèige)

626.
Wǒ jiǎnchá yíxià.
我 检查 一下。
Let me have a look at you.

药店
At the Pharmacy

627. Wǒ yǒudiǎnr nánshòu.
我 有点儿 难受。
I feel sick.

628. Sǎngzi yòu gān yòu yǎng.
嗓子 又 干 又 痒。
My throat is dry and itchy.

629. Wǒ de yá zuìjìn yòu téng le.
我 的 牙 最近 又 疼 了。
My tooth has been hurting again recently.

630. Yīnggāi chī shénme yào ne?
应该 吃 什么 药 呢?
What medicine should I take?

631. Wǒ tīngshuō guo zhè zhǒng yào. *(often pronounced as zhèi)*
我 听说 过 这 种 药。
I've heard of that medicine.

632. Xiàoguǒ dōu búcuò.
效果 都 不错。
They're all effective.

633. Yǒu fùzuòyòng ma?
有 副作用 吗?
Does it have any side effects?

634. Bié chī là de dōngxi.
别 吃 辣 的 东西。
You'd better avoid spicy food.

急诊
At the Emergency Ward

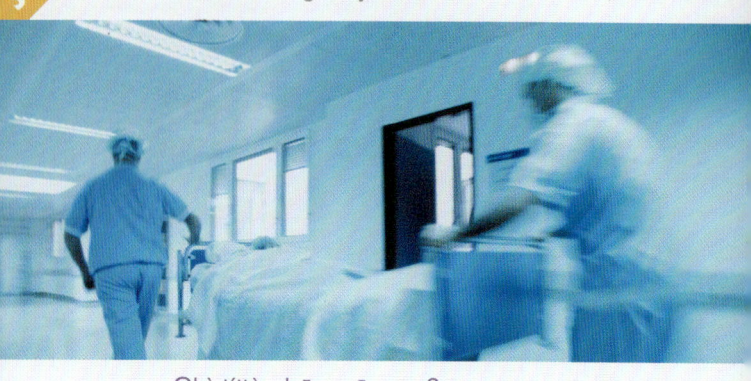

635. Shì jíjiù zhōngxīn ma?
是 急救 中心 吗?
Is this the Emergency Ward?

636. Qǐng gǎnkuài pài liàng chē lái!
请 赶快 派 辆 车 来!
Could you send an ambulance right now?

637. Zhuàngchē le.
撞车 了。
He's been in a car crash.

638. Qǐng bú yào yídòng bìngrén.
请 不 要 移动 病人。
You'd better not move the patient.

639. Tā liúle hǎoduō xiě.
他 流了 好多 血。
He is bleeding badly.

640. Méiyǒu shēngmìng wēixiǎn ba?
没有 生命 危险 吧?
Is he in danger?

641. Bú yàojǐn.
不 要紧。
It shouldn't be anything serious.

642. Zuìhǎo zhùyuàn guānchá jǐ tiān.
最好 住院 观察 几 天。
He'd better stay in hospital for a few days for observation.

交费取药
Paying for Treatment

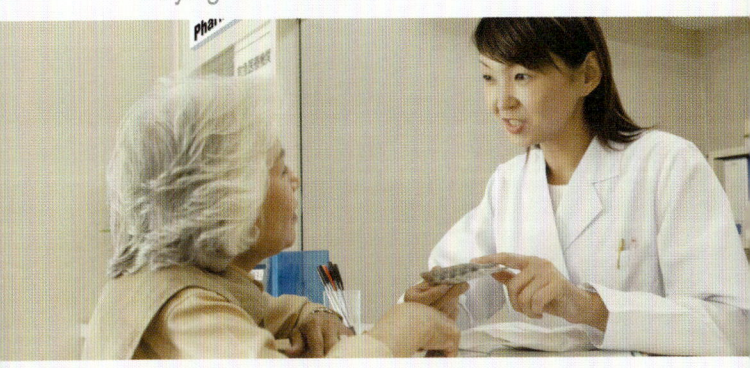

643.
Dàifu, qǔ yào.
大夫，取药。
I'd like to fill this prescription.

644.
Qǐng nín xiān qù jiāofèi.
请您先去交费。
Please pay first.

645.
often pronounced as zhèi
Zhè píng shì wàiyòng de.
这瓶是外用的。
This is for external use.

646.
Nín bié nòngcuò le.
您别弄错了。
Take care not to mix them up.

Fortune Cookies

To call an ambulance, you should dial 120 or 999.

探病
Visiting a Friend in the Hospital

647. Hǎo diǎnr le ma?
好 点儿 了 吗?
Are you feeling better now?

648. Nǐ de qìsè hǎoduō le.
你的 气色 好多 了。
You look much better now.

649. Zài yīyuàn li zhēn méi yìsi.
在 医院 里 真 没 意思。
It's really boring staying in hospital.

650. Děng nǐ chūyuàn le, zánmen qù
等 你 出院 了，咱们 去
dǎ wǎngqiú.
打 ▶ 网球。
After you leave the hospital, we can go and play tennis.

651. Gāi dǎzhēn le.
该 打针 了。
It's time for an injection.

652. Wǒ zuì tǎoyàn dǎzhēn.
我 最 讨厌 打针。
I hate injections.

653. Hěn téng.
很 疼。
It hurts.

654. Tā zhège xīngqī néng chūyuàn ma? (often pronounced as zhèige)
她 这个 星期 能 出院 吗?
Can she leave the hospital this week?

655. Kǒngpà bù xíng.
恐怕 不 行。
I'm afraid not.

656. Tā de bìngqíng yǐjing wěndìng le.
她 的 病情 已经 稳定 了。
Her illness is already under control.

657. Hǎohǎo xiūxi. (often pronounced as hǎohāor)
好好 休息。
Have a good rest.

658. Hěnkuài jiù huì hǎo de.
很快 就会 好 的。
She'll recover soon.

动作 Actions

chī 吃 eat	jiǎn 捡 pick	chànggē 唱歌 sing	tiào 跳 jump
hē 喝 drink	dì 递 hand	tiàowǔ 跳舞 dance	zhàn qǐlái 站起来 stand up
ná 拿 take	tuī 推 push	zǒu 走 walk	zuòxia 坐下 sit down
rēng 扔 throw	lā 拉 pull	pǎo 跑 run	tǎngxia 躺下 lie down

113

中医
Traditional Chinese Medicine

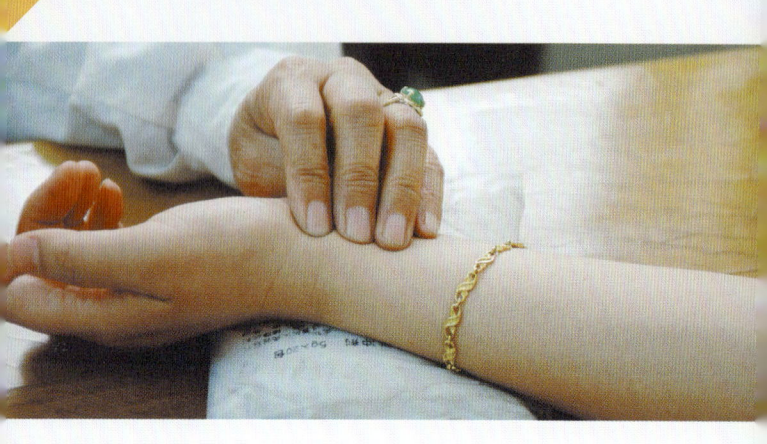

659. Wǒ zuìjìn zǒngshì shīmián.
我 最近 总是 失眠。
I've been having trouble sleeping recently.

660. Shìbushì yālì tài dà le?
是不是 压力 太 大 了?
Too much stress, maybe?

661. Wǒ zuìjìn fēicháng máng.
我 最近 非常 忙。
I'm very busy these days.

662. Chángcháng gǎndào píláo.
常常 感到 疲劳。
I often feel tired.

663. Yǒushíhou huì tóuyūn.
有时候 会 头晕。
I feel a bit dizzy sometimes.

664. Duō chī shūcài shuǐguǒ.
多 吃 蔬菜 水果。
(You should) eat more fruit and vegetables.

665.
Píngshí yào zhùyì shénme?
平时 要 注意 什么?
Do you have any other advice?

666.
Bié zhěngtiān máng gōngzuò.
别 整天 忙 工作。
You'd better not work too hard.

667.
Yǒukòng duō duànliàn shēntǐ.
有空 多 锻炼 身体。
You should exercise more when you are free.

668.
Jiànkāng zuì zhòngyào.
健康 最 重要。
Your health is the most important thing.

中医疗法 Traditional Chinese therapy

zhēnjiǔ
针灸
acupuncture

ànmó
按摩
massage

yàoshàn
药膳
Chinese traditional medicinal food

bá huǒguàn
拔火罐
cupping therapy

zhōngyào
中药
traditional Chinese medicine

zúliáo
足疗
foot massage

Fortune Cookies

All Chinese hospitals have a pharmacy of their own, which is near the cashier. Usually after doctors write a prescription, patients pay the cashier and then collect their medicine from the pharmacy.

学 习
— "你学什么专业？"

schooling
— "What's your major?"

- 幼儿园 Pre-school

- 大学课堂 University

- 图书馆 At the Library

- 大学生聊天 Chatting with Classmates

- 谈论网吧 Talking about Internet Bars

- 报名 Enrolling in Courses

幼儿园
Pre-school

669. Yǒu méiyǒu bānchē?
有 没有 班车?
Is there a shuttle service?

670. Měi tiān jǐ diǎn jiēsòng?
每 天 几 点 接送?
When should I drop off and pick up my child every day?

671. Zǎoshang bā diǎn yǐqián dào.
早上 8 点 以前 到。
You'd better drop him off before 8:00 am.

672. Yí ge bān yǒu jǐ wèi lǎoshī?
一个班 有 几位 老师?
How many teachers in each class?

673. Wǒ néng xiān cānguān yíxià ma?
我 能 先 参观 一下 吗?
Can I have a look around?

674. Jīntiān wán de gāoxìng ma? (often pronounced as wánr)
今天 玩 得 高兴 吗?
Did you have fun today?

675. Zhōngwǔ shuìle yí ge xiǎoshí.
中午 睡了一个 小时。
She slept at noon for one hour.

676. Yuándàn wǒmen fàng sān tiān jià.
元旦 我们 放 三 天 假。
We'll have 3 days off for New Year's Holiday.

677. Zhù nín xīnnián kuàilè!
祝 您 新年 快乐!
Happy New Year!

often pronounced as zhèi

678. Zhè zhāng hèkǎ sònggěi nín!
这 张 贺卡 送给 您!
This (greeting) card is for you!

679. Wǒ tài xǐhuan le.
我 太 喜欢 了。
I really like it.

节日 Festivals

Yuándàn (Xīnnián) 元旦（新年）New Year's Day	Mǔqīn Jié 母亲节 Mother's Day	Guóqìng Jié 国庆节 National Day
Chūnjié 春节 Spring Festival	Értóng Jié 儿童节 Children's Day	Zhōngqiū Jié 中秋节 Mid-Autumn Festival
Yúrén Jié 愚人节 April Fool's Day	Fùqīn Jié 父亲节 Father's Day	Gǎn'ēn Jié 感恩节 Thanksgiving
Guójì Láodòng Jié 国际劳动节 May Day	Jiàoshī Jié 教师节 Teachers' Day	Shèngdàn Jié 圣诞节 Christmas

Fortune Cookies

Across China, people have one day off for New Year's Day, and three days off for May 1st, October 1st and the Spring Festival.

大学课堂
University

680. Wáng lǎoshī hǎo!
王　老师　好!
Good morning, Professor Wang!

681. Dàjiā hǎo, wǒmen kāishǐ shàngkè.
大家　好，我们　开始　上课。
Good morning, everyone! Let's begin.

682. Tā bìng le, ràng wǒ gēn nín shuō yíxià.
他 病 了，让 我 跟 您 说 一下。
He asked me to let you know that he's ill.

683. Wǒ zhīdào le.
我　知道 了。
I know.

684. Qǐng dǎkāi shū, fāndào dì-shíliù yè.
请　打开　书，翻到　第 16 页。
Open your books please, and turn to page 16.

685. "Happy" yòng Hànyǔ zěnme shuō?
"Happy" 用　汉语　怎么　说?
How do you say "happy" in Chinese?

Schooling

686. Zhège zì zěnme niàn? *(often pronounced as zhèige)*
这个 字 怎么 念?
How do you pronounce this character?

687. Gēn wǒ dú.
跟 我 读。
Read after me.

688. Duì le.
对 了。
That's right.

689. Hěn hǎo.
很 好。
Very good.

690. Yǒu wèntí ma?
有 问题 吗?
Any questions?

691. Zhège zì shì shénme yìsi? *(often pronounced as zhèige)*
这个 字 是 什么 意思?
What does this character mean?

692. Qǐng nǐ fānyì yíxià.
请 你 翻译 一下。
Please translate this sentence.

693. Qǐng nín zài shuō yí biàn.
请 您 再 说 一 遍。
Could you say it again?

694. Qǐng màn yìdiǎnr shuō.
请 慢 一点儿 说。
Could you say it a bit more slowly?

695. Tīngdǒng le ma?
听懂 了 吗?
Do you understand?

图书馆
At the Library

696.
Wǒ xiǎng jiè zhè běn shū. *(often pronounced as zhèi)*
我 想 借 这 本 书。
I'd like to borrow this book.

697.
Yì běn shū néng jiè duō cháng shíjiān?
一 本 书 能 借 多 长 时间？
How long can I keep a book?

698.
Xuésheng zhǐnéng jiè yí ge yuè.
学生 只能 借一个 月。
Students can keep a book for a month.

699.
Dàoqī hái kěyǐ xùjiè ma?
到期 还可以 续借 吗？
Can I renew a book when it's due?

700.
Guòqī le zěnme bàn?
过期 了 怎么 办？
What if I forget to return the due books?

701.
Zhèr kěyǐ wúxiàn shàngwǎng ma?
这儿 可以 无线 上网 吗？
Do you have wireless access to the Internet here?

Schooling

大学生聊天
Chatting with Classmates

often pronounced as nèige

702. Nǐ shì nǎge xì de?
你 是 哪个 系 的?
Which department are you in?

703. Wǒ shì jìsuànjī xì de.
我 是 计算机 系 的。
I'm in the Computer Science Dept.

704. Nǐ xué shénme zhuānyè?
你 学 什么 专业?
What's your major?

705. Wǒ xué jīngjì.
我 学 经济。
I'm majoring in economics.

706. Nǐ xǐhuan nǐ de zhuānyè ma?
你 喜欢 你 的 专业 吗?
Do you like your major?

707. Nánbunán?
难不难?
Is it difficult?

708. Wǒmen de kè hěn yǒu yìsi.
我们的课很有意思。
Our lessons are very interesting.

709. Lǎoshī de shuǐpíng dōu hěn gāo.
老师的水平都很高。
Our professors are all very well-qualified.

710. Tāmen dōu hěn yángé.
他们都很严格。
They are rather strict with us.

711. Yǒu liǎng ge rén bù jígé.
有两个人不及格。
Two students failed the exam.

712. Kěyǐ bǔkǎo ma?
可以补考吗?
Can I take the exam again?

713. Xià cì zài liáo!
下次再聊!
We can talk more next time!

专业 Majors

Zhōngwén
中文
Chinese

Shùxué
数学
Mathematics

Yīngyǔ
英语
English

Lìshǐ
历史
History

Zhéxué
哲学
Philosophy

Dìlǐ
地理
Geography

Huàxué
化学
Chemistry

Tiānwén
天文
Astronomy

Tǐyù
体育
Physical Education

Yìshù
艺术
Art

Schooling

谈论网吧
Talking about Internet Bars

714.
Nǎr yǒu wǎngbā?
哪儿 有 网吧?
Where can I find an Internet bar?

715.
Wǒ xiǎng chácha yóujiàn.
我 想 查查 邮件。
I want to check my mail.

716.
Duōshao qián yí ge xiǎoshí?
多少 钱 一 个 小时?
How much for one hour?

717.
Chàbuduō sān-sì kuài ba.
差不多 三四 块 吧。
Maybe 3 or 4 yuan.

718.
Nǐ píngshí zài nǎr shàngwǎng?
你 平时 在 哪儿 上网?
Where do you go online normally?

719.
Wǒ de bǐjìběn diànnǎo tūrán huài le.
我 的 笔记本 电脑 突然 坏 了。
My laptop suddenly crashed.

720.
Wǒ méiyǒu ānzhuāng zhège ruǎnjiàn. (often pronounced as zhèige)
我 没有 安装 这个 软件。
I haven't installed this software.

721.
Kěyǐ miǎnfèi xiàzǎi.
可以 免费 下载。
You can download it free.

报名

Enrolling in Courses

722.
Xià xuéqī tā xiǎng lái zhèr xuéxí.
下 学期 她 想 来这儿学习。
She wants to study here next semester.

723.
Yí ge xuéqī de xuéfèi shì duōshao?
一个 学期 的 学费 是 多少?
What are the tuition fees for one semester?

724.
Nín yǐqián xuéguo Hànyǔ ma?
您 以前 学过 汉语 吗?
Have you studied Chinese before?

725.
Wǒ tīngbudǒng.
我 听不懂。
I don't understand.

726.
Wǒ de Hànyǔ bù hǎo.
我 的 汉语 不 好。
My Chinese is not good.

727.
Wǒ huì shuō yìdiǎnr Hànyǔ.
我 会 说 一点儿 汉语。
I can only speak a little Chinese.

728.
Nín huì shuō Yīngyǔ ma?
您 会 说 英语 吗?
Do you speak English?

Schooling

729. Shénme shíhou kāixué?
 什么 时候 开学?
 When does the semester begin?

730. Jiǔ yuè yī rì bàodào.
 9 月 1 日 报到。
 (Students are supposed to) register on Sep. 1ˢᵗ.

731. Wǒ bàomíng.
 我 报名。
 I'd like to enroll.

语言 Languages

Fǎyǔ
法语
French

Déyǔ
德语
German

Éyǔ
俄语
Russian

Hányǔ
韩语
Korean

Xībānyáyǔ
西班牙语
Spanish

Yìdàlìyǔ
意大利语
Italian

Rìyǔ
日语
Japanese

Ālābóyǔ
阿拉伯语
Arabic

Fortune Cookies

For primary schools, secondary schools and universities, there are two semesters in each year. The spring semester starts at the beginning of March and the fall semester starts at the beginning of September. The summer vacation lasts for about 7 weeks, and the winter vacation lasts about 5 weeks.

娱 乐
—"放松放松。"

Recreation
—"Let's relax."

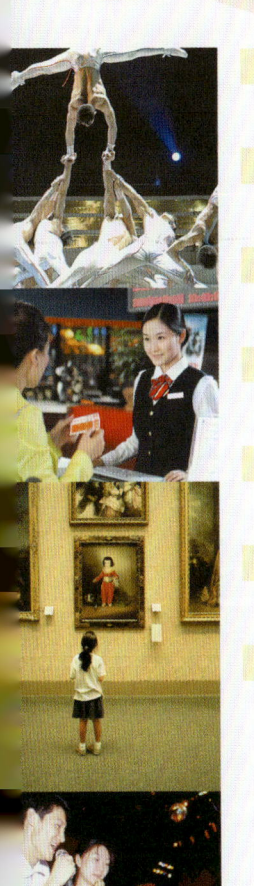

- 在酒吧 In the Bar
- 在迪厅 In the Disco
- 在电影院 At the Movie Theater
- 在卡拉OK At a Karaoke Bar
- 看演出 Attending a Performance
- 看京剧 Watching Peking Opera
- 在博物馆 At the Museum

在酒吧
In a Bar

732. Zuò zhèr xíng ma?
坐 这儿 行 吗?
Is this seat OK?

733. Zhèr zhēn shūfu.
这儿 真 舒服。
It's so comfortable here.

734. Wǒ xǐhuan tā de fēnggé.
我 喜欢 它的 风格。
I like the decor.

735. Zhèr néng xīyān ma?
这儿 能 吸烟 吗?
May I smoke here?

736. Wǒmen bù xīyān.
我们 不 吸烟。
We don't smoke.

737. Nǐ xiǎng qù wàibian zuò yíhuìr ma?
你 想 去 外边 坐 一会儿 吗?
How about sitting outside for a little while?

738. Dǎkāi chuānghu xíng ma?
打开 窗户 行 吗?
Do you mind if I open the window?

739. Xíng.
行。
Go ahead.

740. Nǐ hē shénme?
你 喝 什么?
What would you like to drink?

741. Nǐmen yǒu shénme guǒzhī?
你们 有 什么 果汁?
What fruit juice do you have?

742. Fēicháng shìhé nǚháizi.
非常 适合 女孩子。
It's very popular with girls.

743. Xiǎngbuxiǎng shìshi?
想不想 试试?
Do you want to try it?

744. Yào xiǎo bēi de.
要 小 杯 的。
A small glass, please.

745. Bù jiā táng.
不 加 糖。
No sugar, please.

746. Jīntiān shì Qíngrénjié.
今天 是 情人节。
It's Valentine's Day today.

747. Jīntiān yǒu shénme biǎoyǎn?
今天 有 什么 表演?
Is there a performance today?

果汁 Juices

- táozhī 桃汁 peach juice
- mùguāzhī 木瓜汁 papaya juice
- chéngzhī 橙汁 orange juice
- míhóutáozhī 猕猴桃汁 kiwi juice
- xīguāzhī 西瓜汁 watermelon juice
- xīhóngshìzhī 西红柿汁 tomato juice
- yēzhī 椰汁 coconut juice

在迪厅
At the Disco

748.
Zánmen qù tiàowǔ ba.
咱们 去 跳舞 吧。
How about going dancing with me?

749.
Wǒ zhēn de bù xiǎng qù.
我 真的 不 想 去。
I really don't want to go.

750.
Yīnyuè tài xiǎng le.
音乐 太 响 了。
The music is too loud.

751.
Jīntiān shì zhōumò, fàngsōng yíxià ba.
今天 是 周末, 放松 一下 吧。
Anyway, it's the weekend. Let's relax.

752.
Zhèli de qìfēn hěn hǎo.
这里 的 气氛 很 好。
The atmosphere is very nice here.

753.
often pronounced as nèige
Nàge gēshǒu hěn shòu huānyíng.
那个 歌手 很 受 欢迎。
That singer is very popular.

754.
Wǒ rènshi tā.
我 认识 他。
I know him.

在电影院
At the Movie Theater

755. Qǐngwèn diànyǐng jǐ diǎn kāiyǎn?
请问 电影 几点 开演?
When does the movie begin?

756. Zuì zǎo de yì chǎng shì xiàwǔ sì diǎn.
最早的一场是下午4点。
The earliest show is at 4 in the afternoon.

757. Ménkǒu yǒu yí ge xiǎomàibù.
门口 有一个 小卖部。
There's a snack bar at the entrance.

758. Nǐ juéde zhè bù piānzi zěnmeyàng? (often pronounced as zhèi)
你 觉得 这 部 片子 怎么样?
What do you think of this movie?

759. Tài gǎnrén le.
太 感人 了。
It's very moving.

760. Wǒ dōu kū le.
我 都 哭 了。
I even cried.

娱乐 / Recreation

761. Méiyǒu xiǎngxiàng de nàme hǎo.
没有 想象 的 那么 好。
Not as good as I had expected.

762. Mǎmǎ-hūhū. — often pronounced as ····· mǎmǎ-hūhū
马马虎虎。
Just so-so.

763. Huàmiàn fēicháng piàoliang.
画面 非常 漂亮。
The cinematography was extremely beautiful.

电影种类 Types of movies

àiqíngpiàn 爱情片 romance	kēhuànpiàn 科幻片 science-fiction movie	gùshipiàn 故事片 feature movie
zhànzhēngpiàn 战争片 war movie	jìlùpiàn 纪录片 documentary	xǐjùpiàn 喜剧片 comedy
kǒngbùpiàn 恐怖片 thriller	dòngzuòpiàn 动作片 action movie	dònghuàpiàn 动画片 cartoon

Fortune Cookies

In some big cities in China, half-price tickets are available in most cinemas on Tuesdays. Normally, students below postgraduate level can present their student cards and get half-price tickets.

在卡拉OK
At the Karaoke Bar

764.
Qǐngwèn sān hào bāojiān zài nǎr?
请问 3 号 包间 在哪儿?
Excuse me, where is booth No.3?

765.
Wǒ gāng diǎnle yì shǒu Yīngwén gē.
我 刚 点了一首 英文 歌。
I've just selected an English song.

766.
Zánmen yìqǐ chàng ba.
咱们 一起 唱 吧。
Let's sing together.

767.
Nǐ huì chàng Fǎwén gē ma?
你 会 唱 法文 歌 吗?
Can you sing French songs?

768.
Zhè shǒu gē zuìjìn tèbié liúxíng. *(often pronounced as zhèi)*
这 首 歌 最近 特别 流行。
This song is very popular these days.

769.
Nǐ zuì xǐhuan de gēshǒu shì shéi?
你 最 喜欢 的 歌手 是 谁?
Who is your favorite singer?

娱乐 Recreation

770. *often pronounced as zhèi*
Zhè wèi gēxīng yǒu hěn duō gēmí.
这 位 歌星 有 很 多 歌迷。
This singer has many fans.

771. Wǒ xǐhuan tīng gē, dànshì bù xǐhuan chàng gē.
我 喜欢 听 歌，但是 不 喜欢 唱 歌。
I like listening, but not singing.

772. Nǐ píngshí xǐhuan tīng shénme yīnyuè?
你 平时 喜欢 听 什么 音乐？
What music do you like?

773. Yǒushí tīng míngē, yǒushí tīng liúxíng gēqǔ.
有时 听 民歌， 有时 听 流行 歌曲。
Sometimes I listen to Chinese folk music and sometimes pop music.

774. Wǒ jiù ài tīng yáogǔnyuè.
我 就 爱 听 摇滚乐。
I like rock and roll very much.

775. "Luóbo báicài, gè yǒu suǒ ài".
"萝卜 白菜，各 有 所 爱"。
"Different strokes for different folks".

音乐类型 Types of music

jiāoxiǎngqǔ 交响曲 symphony	wǔqǔ 舞曲 dance music	dúzòu 独奏 solo
xiézòuqǔ 协奏曲 concerto	huá'ěrzī 华尔兹 waltz	shìnèiyuè 室内乐 chamber music
yèqǔ 夜曲 nocturne	tàngē 探戈 tango	èrchóngzòu 二重奏 duet
jìnxíngqǔ 进行曲 march	héchàng 合唱 chorus	sānchóngzòu 三重奏 trio
yáolánqǔ 摇篮曲 lullaby	bànzòu 伴奏 accompaniment	sìchóngzòu 四重奏 quartet

看演出
Attending a Performance

776.
Nǐ shì zài nǎr mǎi de?
你 是 在 哪儿 买 的?
Where did you buy it?

777.
Wǒ shì zài wǎngshang dìng de.
我 是 在 网上 订 的。
I booked it online.

778.
Tā zuì xǐhuan kàn zájì.
她 最 喜欢 看 杂技。
She likes watching acrobatics the most.

779.
Jùchǎng lí zhèr yuǎnbuyuǎn?
剧场 离 这儿 远不远?
Is the theater far from here?

780.
Bàn ge xiǎoshí néng dào ma?
半 个 小时 能 到 吗?
Can we get there in half an hour?

781.
Wǒmen děi zǎo diǎnr qù.
我们 得 早 点儿 去。
We'd better set off early.

Recreation

782. Chīwán fàn jiù gāi chūfā le.
吃完 饭 就 该 出发 了。
Let's get going right after the meal.

783. Qǐngwèn zhè shì dì jǐ pái?
请问 这 是 第 几 排?
Excuse me, which row is it?

784. Tāmen yǎn de hěn hǎo.
他们 演 得 很 好。
It's a great performance.

785. Nǐ xǐhuan jiù hǎo.
你 喜欢 就 好。
As long as you like it.

786. Wǒ ài nǐ!
我 爱 你!
I love you!

787. Bié shuō zhège le. (often pronounced as zhèige)
别 说 这个 了。
Don't mention it anymore.

788. Zài gěi wǒ yì diǎn shíjiān.
再 给 我 一 点 时间。
Give me some more time.

789. Wǒ hái méi xiǎnghǎo.
我 还 没 想好。
I haven't decided yet.

790. Wǒ tài gāoxìng le!
我 太 高兴 了!
I'm so happy!

情绪 Emotions

gāoxìng	kuàilè	xìngfú	nánguò
高兴	快乐	幸福	难过
pleased	delighted	happy	sad

791. Wǒ bù tóngyì.
我 不 同意。
I disagree.

792. Hái bùrú zàijiā tīng CD ne.
还 不如 在家 听 CD 呢。
Listening to a CD at home is even better.

793. Xiànchǎng de xiàoguǒ wánquán bù yíyàng.
现场 的 效果 完全 不一样。
Seeing it live will be totally different.

794. Jiùshi!
就是!
You're right!

795. Nà kě bù yídìng.
那 可 不一定。
That's not necessarily true.

796. Chē lái le.
车 来 了。
Here comes the car.

797. Wǒ néng gēn nín hé ge yǐng ma?
我 能 跟 您 合 个 影 吗?
Could I take a picture with you?

798. Wǒ dédào tā de qiānmíng le!
我 得到 他 的 签名 了!
I've got his autograph!

---

wúliáo	shēngqì	shāngxīn
无聊	生气	伤心
bored	angry	broken-hearted

娱乐 Recreation

看京剧
Watching Peking Opera

799.
Wǒ qǐng nǐ qù kàn jīngjù.
我 请 你 去 看 京剧。
How about watching a Peking Opera with me? My treat.

800.
Zhēn de ma?
真 的 吗?
Really?

801.
Tài hǎo le!
太 好 了!
Great!

802.
Hǎo zhǔyi! — often pronounced as zhúyi
好 主意!
Good idea!

803.
Wǒ hái méi kànguo jīngjù ne.
我 还 没 看过 京剧 呢。
I've never watched Peking Opera before.

804.
Yǒu méiyǒu zìmù?
有 没有 字幕?
Are there subtitles?

805.
Wǒ pà tīngbudǒng.
我 怕 听不懂。
I'm afraid I won't be able to understand what they are saying.

806.
Bú huì yǒu wèntí de.
不 会 有 问题 的。
You won't have a problem.

807.
Wǒ yào huíqu huàn jiàn yīfu.
我 要 回去 换 件 衣服。
I want to go home and change.

808.
Nǐ néng děng wǒ yíhuìr ma?
你 能 等 我 一会儿 吗?
Wait a minute, please.

809.
Wǒ mǎshàng jiù lái.
我 马上 就 来。
I'll be there soon.

810.
Bújiàn-búsàn!
不见不散!
I'll wait until you come!

811.
Wǒmen de zuòwèi zài nǎli?
我们 的 座位 在 哪里?
Could you tell me where our seats are?

812.
Jīntiān de yǎnyuán dōu fēicháng yǒumíng!
今天 的 演员 都 非常 有名!
The performers today are all very famous.

813.
Yǎnchū jiù yào kāishǐ le.
演出 就要 开始 了。
The show will start soon.

814.
Zánmen bǎ shǒujī guān le ba.
咱们 把手机 关了 吧。
Let's turn off our cell phones.

815.
Duō piàoliang de liǎnpǔ!
多 漂亮 的 脸谱!
What beautiful painted faces!

816.
Tài bàng le!
太 棒 了!
Great!

Fortune Cookies

Peking Opera is one of the main forms of Chinese opera. It has a history of over a hundred years and its storylines are normally based on Chinese history and folk tales. The music, style, musical instruments, costumes and make-up in Peking Opera are all unique to its various schools. There are also other famous Chinese operas, including Kun Opera, Qin Opera, Hebei Bangzi Opera, Henan Opera and Anhui Opera.

娱乐 Recreation

在博物馆
At the Museum

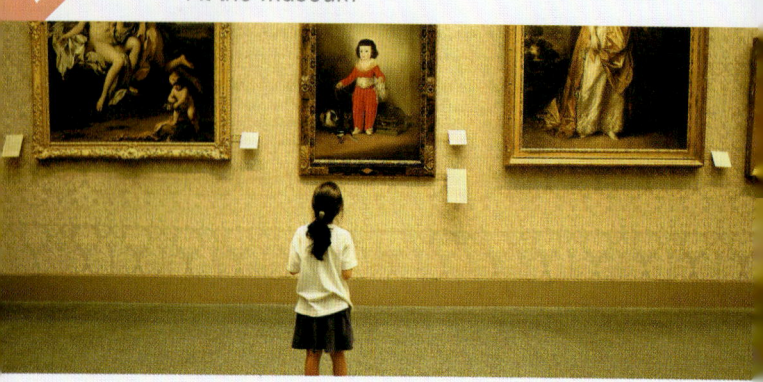

817.
Děng yíxià.
等 一下。
Just a moment.

818.
Wǒ bǎ xiàngjī ná chūlai.
我 把 相机 拿 出来。
I'll take out my camera.

819.
Zhèr kěyǐ pāizhào ma?
这儿 可以 拍照 吗?
Is photography permitted here?

820.
Qǐng bú yào shǐyòng shǎnguāngdēng.
请 不要 使用 闪光灯。
Please do not use a flash.

821.
Yǒu jiěshuōyuán ma?
有 解说员 吗?
Is there a guide available?

822.
Měi bàn ge xiǎoshí yí cì.
每 半 个 小时 一 次。
Once every half hour.

823.
Zuìjìn hái yǒu shénme xīn zhǎnlǎn?
最近 还 有 什么 新 展览?
Are there any new exhibitions?

824.
Nǐmen bówùguǎn yǒu wǎngzhàn ma?
你们 博物馆 有 网站 吗?
Does your museum have a website?

运动
— "好球！"

Sports
— "Nice shot!"

- 晨练 Doing Morning Exercise

- 健康与锻炼 Talking about Exercise

- 比赛 Watching Sports

- 爬山与跑步 Hiking and Running

晨练
Doing Morning Exercise

825. Gāi qǐchuáng le!
该 起床 了!
Time to get up!

826. Bié shuì le!
别 睡 了!
Wake up!

827. Wǒ hái kùnzhe ne.
我 还 困着 呢。
I'm still sleepy.

828. Wǒ yào xǐ ge zǎo.
我 要 洗 个 澡。
I want to take a shower.

829. Zǎoshang de kōngqì zhēn hǎo!
早上 的 空气 真 好!
The air is so fresh in the morning!

830. Wǒmen qù sànsan bù ba.
我们 去 散散 步 吧。
Let's go for a walk.

831. Nín liànle duō jiǔ le?
您 练了 多 久 了?
How long have you been practicing?

832. Wǒ tiāntiān dōu lái.
我 天天 都 来。
I come here every day.

健康与锻炼
Talking about Exercise

833. Nǐ xǐhuan shénme yùndòng?
你 喜欢 什么 运动?
What's your favorite sport?

834. Wǒ gèzi bù gāo, kěshì wǒ xǐhuan dǎ lánqiú.
我 个子 不 高,可是 我 喜欢 打 篮球。
I'm not tall but I like to play basketball.

835. Nín jīngcháng duànliàn ma?
您 经常 锻炼 吗?
Do you exercise often?

836. Nín duō cháng shíjiān duànliàn yí cì?
您 多 长 时间 锻炼 一 次?
How often do you exercise?

837. Jīhū méiyǒu shíjiān duànliàn.
几乎 没有 时间 锻炼。
I don't really have time to exercise.

838. Zuìjìn shìqing hěn duō.
最近 事情 很 多。
I've been busy recently.

839. Wǒ xiàbān yǐhòu yě tǐng máng de.
我 下班 以后 也 挺 忙 的。
I'm also busy after work.

840. Shuì de tài shǎo.
睡 得 太 少。
I haven't gotten much sleep.

运动 Sports

often pronounced as zhèige

841. Zhège yuè yòu pàng le.
这个 月 又 胖 了。
I've put some weight back on again this month.

842. Wǒ xiǎng jiǎnféi.
我 想 减肥。
I want to lose weight.

843. Shénme fāngfǎ zuì yǒuxiào?
什么 方法 最 有效?
Which method do you think works best?

844. Měi ge rén de qíngkuàng bù yíyàng.
每 个 人 的 情况 不 一样。
It varies from person to person.

845. Zuì zhòngyào de shì jiānchí.
最 重要 的 是 坚持。
The most important thing is to keep at it.

846. Nǐ xiǎng wánr shénme?
你 想 玩儿 什么?
What would you like to play?

847. Hǎojiǔ méi dǎ wǎngqiú le.
好久 没 打 网球 了。
It has been a long time since I played tennis.

848. Hǎo xué ma?
好 学 吗?
Is it easy to learn?

849. Wǒ yìdiǎnr jīchǔ dōu méiyǒu.
我 一点儿 基础 都 没有。
I have no experience at all.

球类 Ball games

bǎolíngqiú
保龄球
bowling

lánqiú
篮球
basketball

páiqiú
排球
volleyball

zúqiú
足球
soccer

850. Chūjíbān tǐng jiǎndān de.
初级班 挺 简单 的。
The beginner's class is quite easy.

851. Yàobuyào jiào Xiǎo Yáng yìqǐ qù?
要不要 叫 小 杨 一起去?
Shall we ask Xiao Yang to come with us?

852. Tā de wǎngqiú dǎ de hǎo ma?
她的 网球 打 得 好 吗?
Is she good at tennis?

853. Wǒmen zài yuē shíjiān ba.
我们 再 约 时间 吧。
Let's do this again sometime. / Let's meet some other time.

854. Wǒ xiǎng dìng míngtiān de wǎngqiúchǎng.
我 想 订 明天 的 网球场。
I'd like to book a tennis court for tomorrow.

855. Shénme shíjiān?
什么 时间?
What time?

856. Xiàwǔ sān diǎn dào wǔ diǎn.
下午 3 点 到 5 点。
From 3:00 pm to 5:00 pm.

857. Xūyào qǐng jiàoliàn ma?
需要 请 教练 吗?
Do you need a coach?

táiqiú
台球
billiards

yǔmáoqiú
羽毛球
badminton

bīngqiú
冰球
ice hockey

pīngpāngqiú
乒乓球
table tennis

bàngqiú
棒球
baseball

gāo'ěrfūqiú
高尔夫球
golf

比赛
Watching Sports

858.
Tā dǎ de zhēn hǎo!
他 打 得 真 好!
He plays really well!

859.
Tā shì zuì bàng de.
他 是 最 棒 的。
He is the best.

860.
Wǒ kàn yìbān.
我 看 一般。
I think he is just so-so.

861.
Gāi nǐ shàngchǎng le!
该 你 上场 了!
It's your turn!

862.
Nǐ kāi wánxiào!
你 开 玩笑!
You're kidding!

863.
Nǐ kěndìng xíng!
你 肯定 行!
You can do it!

864.
Xiāngxìn wǒ.
相信 我。
Believe me.

865. Wǒ zuòzuo zhǔnbèi huódòng!
我 做做 准备 活动!
Let me do some warming-up.

866. Zhǔnbèi hǎole ma?
准备 好了 吗?
Are you ready?

867. Líng bǐ líng, kāishǐ!
零 比 零, 开始!
Nil-nil, start!

868. Hǎo qiú!
好 球!
Nice shot!

869. Jiāyóu!
加油!
Come on!

870. Nǐ dǎ de búcuò!
你 打 得 不错!
You played well!

871. Nǐ bǐ tā dǎ de gèng hǎo.
你 比 他 打 得 更 好。
You can play better than him.

872. Wǒ xiǎng kàn shìjièbēi.
我 想 看 世界杯。
I want to watch the World Cup.

873. Jīntiān wǎnshang yǒu qiúsài.
今天 晚上 有 球赛。
There's a soccer game tonight.

874. Shéi hé shéi bǐ?
谁 和 谁 比?
Which two teams are playing?

875. Bǐsài kāishǐ le!
比赛 开始 了!
The game has started!

876. Shéi yíng le?
谁 赢 了?
Who won?

运动 / Sports

877. Nǐ xīwàng shéi yíng?
你 希望 谁 赢?
Who do you want to win?

878. Wǒ de mèngxiǎng shì cānjiā Àoyùnhuì.
我 的 梦想 是 参加 奥运会。
My dream is to take part in the Olympic Games.

879. Wǒ zěnme méi xiǎngdào ne!
我 怎么 没 想到 呢!
Why didn't I think of that?

880. Guàibude nǐ yóu de zhème hǎo.
怪不得 你 游 得 这么 好。
No wonder you're so good at swimming!

881. Wǒ xiǎng xué yóuyǒng.
我 想 学 游泳。
I want to learn to swim.

882. Nǐ jiāojiao wǒ ba!
你 教教 我 吧!
Could you teach me, please?

883. Nǐ jīngcháng dǎ bǎolíng ma?
你 经常 打 保龄 吗?
Do you often go bowling?

884. Nǐ gēn wǒ yìqǐ qù ba!
你 跟 我 一起 去 吧!
You could come with me!

885. Nín chuān jǐ hào de xié?
您 穿 几号 的 鞋?
What's your shoe size?

886. Gěi wǒ yì shuāng sānshíqī mǎ de.
给 我 一 双 37 码 的。
Size 37 for me.

887. Huàn yì shuāng xīn yìdiǎnr de xíng ma?
换 一 双 新一点儿 的 行 吗?
Can I have a new pair?

爬山与跑步
Hiking and Running

888.
Hǎo rè!
好 热!
It's so hot!

889.
Wǒ dōu chūhàn le!
我 都 出汗 了!
I'm sweating!

890.
Děngdeng wǒ!
等等 我!
Wait for me!

891.
Wǒ yǒudiǎnr pábudòng le.
我 有点儿 爬不动 了。
I'm afraid I can't go any further.

892.
Xiūxi yíhuìr ba!
休息 一会儿吧!
Take a break!

893.
Gǎnjué hǎojí le.
感觉 好极 了。
It feels great.

894.
Nǐ zhǐyào yǒu xìnxīn jiù kěyǐ le!
你 只要 有 信心 就可以了!
Just believe in yourself!

895.
Xiǎoxīn!
小心!
Be careful!

运动 Sports

896. Pǎobù de hǎochu kě duō le.
跑步 的 好处 可 多 了。
There are many advantages of running.

897. Nǐ yìbān pǎo duō cháng shíjiān?
你 一般 跑 多 长 时间?
How long do you usually run for?

898. Wǒ de jiǎo shòushāng le.
我 的 脚 受伤 了。
My foot hurts.

899. Tài kěpà le!
太 可怕 了!
That's terrible!

900. Nǐ zìjǐ qù ba.
你 自己 去 吧。
Why not go by yourself?

运动 Sports

dēngshān
登山
hiking

fānchuán
帆船
sailing

huábīng
滑冰
skating

huáxuě
滑雪
skiing

pǎobù
跑步
running

qíchē
骑车
cycling

sàichē
赛车
racing

tǐcāo
体操
gymnastics

yóuyǒng
游泳
swimming

第二篇 Part Two

入门汉语
100句
Basic Chinese 100

"Basic Chinese 100" are the most basic and frequently-used sentences extracted from "Daily Chinese 900".

Nǐ hǎo!
1. 你 好! ①
Hello!

Hǎojiǔ bú jiàn!
2. 好久 不 见! ③
Haven't seen you for a long time!

Zuìjìn zěnmeyàng?
3. 最近 怎么样? ④
How are things with you?

Hái búcuò.
4. 还 不错。 ⑥
Not too bad.

Wǒ xìng Wáng.
5. 我 姓 王。 ⑲
My family name is Wang.

Nǐ jiào shénme míngzi?
6. 你 叫 什么 名字? ⑱
What's your name?

Wǒ jiào Wáng Yīlè.
7. 我 叫 王 一乐。 ⑳
My name is Wang Yile.

Zhè shì wǒ de míngpiàn.
8. 这 是 我 的 名片。 ⑯
Here is my name card.

Tā shì shéi?
9. 她 是 谁? ㊲
Who is she?

———— often pronounced as ···· zhèi

Zhè wèi shì Zhāng xiānsheng.
10. 这 位 是 张 先生。 ⑮
This is Mr. Zhang.

FLTRP

王一乐
汉语部　主任
地址：北京市西三环北路19号
电话：(010)88810000　邮编：100089

11. **Tā shì zuò shénme de?**
 他 是 做 什么 的?[120]
 What does he do?

12. **Wǒmen zǒu ba.**
 我们 走 吧。[64]
 Let's go.

13. **Qǐng jìn.**
 请 进。[7]
 Come in, please.

14. **Duìbuqǐ.**
 对不起。[26]
 Sorry.

15. **Méi guānxi.**
 没 关系。[27]
 That's all right.

16. **Zhēn piàoliang!**
 真 漂亮![39]
 How beautiful!

17. **Xièxie!**
 谢谢![22]
 Thank you!

18. **Bú yòng xiè!**
 不 用 谢![24]
 Don't mention it!

19. **Bú kèqi.**
 不 客气。[25]
 You're welcome.

20. **Zàijiàn!**
 再见![65]
 Goodbye!

21. **Yǒukòng gěi wǒ dǎ diànhuà.**
 有空 给我 打 电话。[69]
 Give me a call when you are free.

22. **Jiàndào nǐ hěn gāoxìng.**
 见到 你 很 高兴。[17]
 Nice to meet you.

23. Zhù nǐ shēngrì kuàilè!
祝 你 生日 快乐！ [42]
Happy birthday to you!

24. Nǐ de shēngrì shì jǐ yuè jǐ hào?
你的 生日 是几月几号？ [48]
When is your birthday?

25. Gānbēi!
干杯！ [47]
Cheers!

often pronounced as wéi

26. Wèi, qǐngwèn Xiǎo Zhāng zài ma?
喂， 请问 小 张 在吗？ [78]
Hello, can I speak to Xiao Zhang?

27. Nǐ shénme shíhou yǒu kòng?
你 什么 时候 有 空？ [83]
When are you free?

often pronounced as zhèige

28. Zhège zhōumò wǒ méiyǒu shíjiān.
这个 周末 我 没有 时间。 [96]
I don't have any free time this weekend.

29. Jīntiān xīngqī jǐ?
今天 星期 几？ [95]
What day is it today?

30. Wǒmen jǐ diǎn jiànmiàn?
我们 几点 见面？ [91]
What time shall we meet?

31. Kěyǐ ma?
可以 吗？ [88]
Is that OK?

32. Méi wèntí.
没 问题。 [89]
No problem.

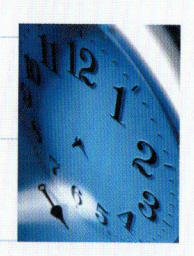

154

33. Duìbuqǐ, wǒ láiwǎn le.
对不起，我 来晚 了。(104)
Sorry, I'm late.

34. Wǒ yě bù zhīdào.
我 也 不 知道。(108)
I don't know either.

35. Wǒ xiǎng zìjǐ dāi huìr.
我 想 自己呆 会儿。(138)
Please leave me alone.

36. Qǐng tā gěi wǒ huí ge diànhuà.
请 他 给 我 回 个 电话。(112)
Could you please ask him to call me back?

37. Nǐ yǒu diànzǐ yóuxiāng ma?
你有 电子 邮箱 吗？(57)
Do you have an e-mail address?

38. Wǒ xiǎng nǐmen.
我 想 你们。(147)
I miss you.

39. Nǐ juéde tā zěnmeyàng?
你 觉得 他 怎么样？(114)
What do you think of him?

40. Wǒ bú tài xíguàn.
我 不 太 习惯。(145)
I'm not used to it.

41. Qǐngwèn zhèli yǒu rén ma?
请问 这里 有 人 吗？(184)
Excuse me, is this seat taken?

42. Nǐ xiǎng chī shénme?
你 想 吃 什么？(170)
What would you like to eat?

43. Yào yí ge Gōngbǎo Jīdīng.
要 一个 宫保 鸡丁。(189)
Kung Pao Chicken, please.

44. Zhè lǐmian shì shénme?
这 里面 是 什么？(225)
What's in it?

45.
Bú yào le.
不 要 了。[178]
Nothing else, thanks.

46.
Jiù yào zhèxiē.
就 要 这些。[179]
That's all.

often pronounced as ······ zhèixiē

47.
Yǒu píjiǔ ma?
有 啤酒 吗?[195]
Do you have beer?

48.
Yào bīng de.
要 冰 的。[196]
With ice, please.

49.
Fúwùyuán, jiézhàng.
服务员, 结账。[202]
Waiter, the bill, please.

50.
Jīntiān wǒ qǐngkè.
今天 我 请客。[204]
It's my treat today.

51.
Nǐ zhēn hǎo.
你 真 好。[205]
It's very kind of you.

52.
AA zhì ba.
AA 制 吧。[203]
Let's split the bill.

53.
Hǎo ba.
好 吧。[241]
OK.

54.
Zhēn de hěn hǎochī!
真 的 很 好吃![222]
It's really delicious!

55.
Yǒudiǎnr xián.
有点儿 咸。[219]
It is a little salty.

56.
Wǒ xiǎng hē shuǐ.
我 想 喝水。[230]
I'd like some water.

57. Wǒ zìjǐ lái.
我 自己 来。 ㉗
Let me help myself.

58. Wǒ chībǎo le.
我 吃饱 了。 ㉞
I'm full.

59. Wǒ suíbiàn kànkan.
我 随便 看看。 ㉛
I'm just looking.

60. Néng shìshi ma?
能 试试 吗？ ㉝
Can I try it on?

61. Hái yǒu bié de yánsè ma?
还 有 别的 颜色 吗？ ㉜
Do you have other colors?

62. Yǒu dà yí hào de ma?
有 大 一 号 的 吗？ ㉘
Do you have a larger one?

63. Duōshao qián?
多少 钱？ ㉙
How much is it?

64. Tài guì le.
太 贵 了。 ㉚
It's too expensive.

65. Zài piányi yìdiǎnr ba.
再 便宜 一点儿 吧。 ㉜
Could you make it cheaper?

66. Néng shuā xìnyòngkǎ ma?
能 刷 信用卡 吗？ ㉞
Can I use my credit card?

67. Fùjin yǒu qǔkuǎnjī ma?
附近 有 取款机 吗？ ㉘
Is there an ATM nearby?

········ often pronounced as ········ zhèige

68. Yào zhège.
要 这个。 ㉟
I want this one.

157

69. Wǒ méiyǒu língqián.
我 没有 零钱。(272)
I don't have change.

70. Xǐshǒujiān zài nǎr?
洗手间 在 哪儿?(182)
Where is the restroom?

71. Qǐngwèn dìtiězhàn zěnme zǒu?
请问 地铁站 怎么 走?(345)
Excuse me, how can I get to the subway station?

72. Nǎr yǒu wǎngbā?
哪儿 有 网吧?(714)
Where can I find an Internet bar?

73. Wǒ míngbai le.
我 明白 了。(361)
I see.

74. Shīfu, qù jīchǎng.
师傅, 去 机场。(379)
Driver, to the airport, please.

75. Nín néngbunéng zài kuài yìdiǎnr?
您 能不能 再 快 一点儿?(380)
Could you go a little faster?

76. Yǒu méiyǒu shíyī hào dào Shànghǎi de piào?
有 没有 11 号 到 上海 的 票?(385)
Do you have tickets on the 11th to Shanghai?

77. Mǎi yì zhāng piào.
买 一 张 票。(365)
One ticket, please.

78. Zhèr kěyǐ huàn qián ma?
这儿 可以 换 钱 吗?(557)
Can I exchange some money here?

79. Wǒ de xìnyòngkǎ zhǎobudào le.
我 的 信用卡 找不到 了。(594)
I can't find my credit card.

80. Nà zěnme bàn ne?
那 怎么 办 呢?(354)
What shall I do?

81. Wǒ bù shūfu.
我 不 舒服。(605)
I don't feel well.

82. Tā bìng le.
她 病 了。(353)
She is sick.

83. Kuài jiào jiùhùchē!
快 叫 救护车!(77)
Quick! Call an ambulance!

84. Zěnme le?
怎么 了?(123)
What's the matter?

85. Xiǎoxīn!
小心!(895)
Be careful!

ofton pronounced as .... něi

86. Nǐ shì nǎ guó rén?
你 是 哪 国 人?(49)
Which country are you from?

87. Wǒ tīngbudǒng.
我 听不懂。(725)
I don't understand.

88. Nín huì shuō Yīngyǔ ma?
您 会 说 英语 吗?(728)
Do you speak English?

89. Wǒ de Hànyǔ bù hǎo.
我 的 汉语 不 好。(726)
My Chinese is not good.

90. Qǐng nín zài shuō yí biàn.
请 您 再 说 一 遍。(693)
Could you say it again?

91. Qǐng màn yìdiǎnr shuō.
请 慢 一点儿 说。(694)
Could you say it a bit more slowly?

92. Wǒ ài nǐ!
我 爱你!(786)
I love you!

93. Wǒ tài gāoxìng le!
我太高兴了! ⁽⁷⁹⁰⁾
I'm so happy!

94. Tài hǎo le!
太好了! ⁽⁸⁰¹⁾
Great!

95. Nǐ néng děng wǒ yíhuìr ma?
你能等我一会儿吗? ⁽⁸⁰⁸⁾
Wait a minute, please.

96. Wǒ mǎshàng jiù lái.
我马上就来。 ⁽⁸⁰⁹⁾
I'll be there soon.

97. Qǐng ràng yíxià.
请让一下。 ⁽²⁵⁹⁾
Excuse me. Can I get by?

98. Nǐ zài gàn shénme ne?
你在干什么呢? ⁽²¹⁵⁾
What are you doing?

99. Nǐ néng bāng wǒ yí ge máng ma?
你能帮我一个忙吗? ⁽⁷²⁾
Could you do me a favor?

100. Kěyǐ bāng wǒmen zhào zhāng xiàng ma?
可以帮我们照张相吗? ⁽⁷³⁾
Could you take a picture for us, please?

补充词索引
INDEX TO SUPPLEMENTARY VOCABULARY

名 称 Category		页码 Page
Actions	动作	113
Adjectives	形容词	64-65
Appearance	外貌	28
Ball games	球类	144-145
Beverages	饮料	44
Clothing	服饰	58-59
Colors	颜色	60
Common dishes	常见饭菜	39
Common professions	常见职业	12-13
Days of the week	星期	24
Drinks	酒类	46
Emotions	情绪	136-137
Festivals	节日	118
Food	食品	48
Fruits	水果	53
Furniture	家具	89
Household appliances	家电	63
Household items	日用品	51
Juices	果汁	129
Kinds of cuisine	主要菜系	48
Languages	语言	126

名 称 Category		页码 Page
Main relatives and friends	主要亲属及朋友	16
Majors	专业	123
Materials	服装面料	59
Meat	肉类	44
Months of the year	月份	33
Nations	国家	81
Newspapers	报纸	87
Numbers	数字	17
Places (1)	地点 (1)	70
Places (2)	地点 (2)	72
RMB	人民币	53
Scenic spots	景点	70
Sports	运动	150
Tastes	口味	42
Tickets and ID cards	票证	84
Time (1)	时间 (1)	25
Time (2)	时间 (2)	100
Traditional Chinese therapy	中医疗法	115
Types of movies	电影种类	132
Types of music	音乐类型	134
Vegetables	蔬菜	40-41
Vehicles	交通工具	23
Weather	天气	76

点读笔音量调节说明
Instruction on how to adjust the volume of the E-pen

1. 打开点读笔开关。
   Press the power button and make sure that the E-pen is working.

2. 点击"音量+"功能键后,音量逐渐变大。
   Press Volume+ button to gradually turn up the volume.

3. 点击"音量-"功能键后,音量逐渐变小。
   Press Volume- button to gradually turn down the volume.